El Vibrante Libro de Cocina con Remolacha

Descubre los Beneficios Nutricionales y los Usos Versátiles de la Remolacha en tu Cocina con Recetas Deliciosas para Cada Ocasión

Sofía Hernández

Copyright

© 2025 Sofía Hernández. Todos los derechos reservados.

Este libro, incluyendo su diseño, contenido, recetas, imágenes y cualquier otro material relacionado, está protegido por las leyes internacionales de derechos de autor y propiedad intelectual. Está estrictamente prohibida cualquier forma de reproducción, distribución, comunicación pública, traducción, transformación o almacenamiento total o parcial de esta obra, ya sea en formato físico, digital o cualquier otro medio, sin el permiso previo y por escrito de la autora.

Se permite el uso de citas breves con fines educativos, de análisis crítico o de reseñas, siempre y cuando se proporcione el crédito adecuado a la obra y a la autora. Sin embargo, cualquier otro uso no autorizado puede dar lugar a acciones legales.

La autora ha hecho todos los esfuerzos razonables para garantizar la exactitud de la información contenida en este libro. Sin embargo, no se asume responsabilidad alguna por daños o perjuicios resultantes de la interpretación o el uso indebido del contenido..

TABLA DE CONTENIDO

TABLA DE CONTENIDO 3
    Introducción 7
DESAYUNO 8
    1. Tazón de leche de frambuesa y almendras 9
    2. Huevos En Escabeche Rosados 11
    3. Latkes de remolacha 13
    4. Lancaster remolachas y huevos 15
    5. Sartén de remolachas, espinacas y huevos 18
    6. Hash De Remolacha Con Huevos 20
    7. Pizza de desayuno con masa de remolacha 22
    8. Frittata De Remolacha Y Queso De Cabra 24
    9. Tazón de batido de remolacha y bayas 26
    10. Hash de remolacha y patata dulce 28
    11. Tostada De Remolacha Y Aguacate 30
    12. Parfait de remolacha y yogur 32
    13. Tacos de desayuno de remolacha y zanahoria 34
    14. Tostada De Remolacha Y Ricota Con Glaseado Balsámico 36
    15. Tazón de desayuno de remolacha y quinoa 38
    16. Budín de remolacha y chocolate con chía 40
    17. Sartén De Desayuno De Remolacha Y Salchichas 42
    18. Tarta De Desayuno De Remolacha Y Queso De Cabra 44
SNACKS Y APERITIVOS 46
    19. papas fritas de remolacha 47
    20. Remolacha con eneldo y ajo 49
    21. Ensalada de aperitivo de remolacha 51
    22. Barcos de remolacha 53

23. buñuelos de remolacha 55

24. Remolachas rellenas 57

25. Hummus de Remolacha Asada... 59

26. Crostini De Remolacha Y Queso De Cabra............................. 61

27. Dip de remolacha y feta.. 63

28. Tartar de remolacha y aguacate 65

29. Buñuelos De Remolacha Y Zanahoria..................................... 67

30. Ensalada de remolacha y manzana.. 69

31. Dip de remolacha con queso feta y menta............................. 71

32. Empanadas de remolacha y garbanzos.................................. 73

PLATO PRINCIPAL 75

33. Caballa española a la plancha con manzanas y remolacha.... 76

34. Risotto de remolacha 79

35. Sliders de remolacha con microgreens 81

36. Vieiras a la plancha y col rizada con salsa de remolacha fresca 87

37. Risotto de remolacha y cebada 90

38. Pollo Relleno De Remolacha Y Feta 93

39. Risotto de remolacha y champiñones..................................... 95

40. Risotto de Remolacha y Queso de Cabra............................... 97

41. Salteado de remolacha y champiñones 99

ENSALADAS 101

42. Remolacha con Gremolata de Naranja 102

43. Remolachas Con Verduras Y Albaricoques Laminados 104

44. Ensalada De Remolacha e Hinojo 107

45. Ensalada De Remolacha Y Avellana 109

46. Ensalada De Remolacha Y Tomate... 111

47. Ensalada Verde Mixta Con Remolacha.................................. 113

48. Ensalada Arco Iris De Remolacha Y Pistacho...................... 116

49. Ensalada Rosa 118

50. Ensalada De Remolacha Amarilla Con Peras 121

51. Ensalada de remolacha y tofu 123

52. Ensalada de pomelo, remolacha y queso azul 125

53. Ensalada de papas 127

54. Ensalada de quinoa al azafrán y remolacha asada 129

55. Ensalada De Remolacha Asada Con Queso De Cabra Crujiente Y Nueces 132

56. Verduras de raíz asadas con comino 136

57. Ensalada de col rizada, lentejas y remolacha asada 139

58. Ensalada De Remolacha Con Yogur Especiado Y Berros 142

59. Ensalada De Remolacha Y Queso De Cabra 145

60. Ensalada De Remolacha Y Queso De Cabra 147

61. Ensalada De Remolacha Y Naranja 149

SOPA 151

62. Borsch de remolacha 152

63. Sopa de col y remolacha 154

64. Sopa de remolacha y suero de leche 156

65. curry de remolacha 158

66. crema de remolacha 160

67. Sopa de espinacas y remolacha 163

68. Sopa de remolacha 165

69. Curry de remolacha y garbanzos 167

70. Guiso de remolacha y ternera 169

71. Sopa De Remolacha Asada 171

72. Sopa cremosa de remolacha 173

73. Sopa De Remolacha Picante 175

74. Sopa De Remolacha Y Zanahoria 177

LADOS 179

75. Remolacha con Semillas de Mostaza y Coco 180

76. Verduras de raíz asadas 182

77. Remolacha en gran Marnier 184

78. Remolacha en crema agria 186

79. Remolacha arándano 188

80. Remolacha melosa 190

81. Gajos De Remolacha Asada 192

SALSAS Y CONDIMENTOS 194

82. Mermelada De Remolacha 195

83. Salsa de remolacha 197

84. Las remolachas en escabeche 199

POSTRE 201

85. Ganache de remolacha y lima 202

86. Pastel de remolacha 205

87. Remolacha gratinada 207

88. Soufflé de remolacha verde 209

89. Crema de remolacha 211

90. Pan de remolacha 213

91. Tarta De Remolacha Asada Y Queso De Cabra ... 215

92. Tarta De Remolacha Y Feta 217

BEBIDAS 219

93. Bebida de remolacha y pepino 220

94. Batido de manzana, remolacha y fresa 222

95. Zumo de remolacha con jengibre y limón 224

96. Batido de remolacha y piña 226

97. Batido de remolacha y bayas 228

98. Jugo de remolacha y zanahoria 230

99. Kvas de remolacha 232

CONCLUSIÓN 234

Introducción

¡Bienvenido al vibrante mundo de la remolacha! Este libro de cocina ha sido diseñado para inspirarte y mostrarte todo el potencial de este ingrediente versátil y nutritivo. La remolacha, con su característico color intenso y sabor dulce y terroso, no solo aporta un toque visual a tus platos, sino que también está cargada de beneficios para la salud: es rica en antioxidantes, fibra y vitaminas esenciales.

En estas páginas, descubrirás cómo la remolacha puede transformar recetas simples en verdaderas obras maestras culinarias. Desde sopas y ensaladas hasta aperitivos, platos principales y postres únicos, este libro ofrece una variedad de opciones que sorprenderán y deleitarán a tu paladar.

¿Qué puedes esperar de este libro?

- **Recetas versátiles y creativas** que incluyen opciones veganas, vegetarianas y sin gluten.
- **Consejos prácticos** sobre cómo seleccionar, almacenar y preparar la remolacha para maximizar su sabor y valor nutricional.
- **Ideas innovadoras** para incorporar la remolacha en tu dieta diaria, desde smoothies energéticos hasta tartas irresistibles.

Además, cada receta está acompañada de ilustraciones detalladas que te guiarán paso a paso en el proceso de preparación. Tanto si eres un chef experimentado como si estás empezando en la cocina, este libro será tu guía definitiva para explorar y disfrutar de todo lo que la remolacha tiene para ofrecer.

¡Prepárate para embarcarte en un viaje culinario lleno de color, sabor y creatividad con la remolacha como protagonista!

DESAYUNO

1. Tazón de leche de frambuesa y almendras

Hace: 3

INGREDIENTES:
- 1 taza de frambuesas congeladas
- ¼ taza de péptidos de colágeno
- ¼ taza de aceite MCT
- 2 cucharadas de semillas de chía
- 1 cucharadita de remolacha en polvo
- 1 cucharadita de extracto de vainilla orgánico
- 4 gotas de stevia líquida
- 1 ½ taza de leche de almendras, sin azúcar

INSTRUCCIONES:
a) En una licuadora de alta potencia, combine todos los ingredientes y mezcle hasta que quede suave.
b) Vierta en 3 tazones para servir y sirva con su guarnición favorita.

2. Huevos En Escabeche Rosados

Hace: 6

INGREDIENTES:
- 6 huevos
- 1 taza de vinagre blanco
- Jugo de 1 lata de remolacha
- ¼ de taza) de azúcar
- ½ cucharada de sal
- 2 dientes de ajo
- 1 cucharada de pimienta entera
- 1 hoja de laurel

INSTRUCCIONES:

a) Precaliente el baño de agua a 170 °F.

b) Coloque los huevos en una bolsa. Selle la bolsa y colóquela en el baño. Cocine por 1 hora.

c) Después de 1 hora, coloque los huevos en un recipiente con agua fría para que se enfríen y pélelos con cuidado. En la bolsa en la que cocinaste los huevos, combina el vinagre, el jugo de remolacha, el azúcar, la sal, el ajo y la hoja de laurel.

d) Vuelva a colocar los huevos en una bolsa con líquido para encurtir. Vuelva a colocar en un baño de agua y cocine por 1 hora adicional.

e) Después de 1 hora, mueva los huevos con líquido de encurtido a un refrigerador.

f) Permita que se enfríe completamente antes de comer.

3. Latkes de remolacha

Rinde: 1 porción

INGREDIENTES:
- 1 taza de remolachas frescas finamente picadas
- 2 cucharadas de maicena
- 4 yemas de huevo batidas
- ½ cucharadita de azúcar
- 3 cucharadas de crema espesa o leche evaporada sin diluir
- ½ cucharadita de nuez moscada molida
- 1 cucharadita de sal

INSTRUCCIONES:
a) Combine todos los ingredientes en un tazón para mezclar.
b) Mezcle bien y hornee en forma de panqueque en una plancha con mantequilla caliente o en una sartén pesada.
c) Servir con mermelada de frutas o conservas.

4. Lancaster remolachas y huevos

Hace: 1 lote

INGREDIENTES:
- 16 onzas de remolachas enlatadas en rodajas
- ¾ taza de vinagre de sidra
- 6 cucharadas de azúcar, granulada
- 1 cucharada de especias para encurtir
- 1 cebolla pequeña; cortar en anillos
- ½ taza; agua, caliente
- 4 huevos; cocido duro, sin cáscara
- 3 cucharadas de mayonesa
- 1 cucharadita de Mostaza, preparada
- ⅛ cucharadita de sal

INSTRUCCIONES

a) Escurra el líquido de las remolachas en una cacerola mediana. Agregue el vinagre, el azúcar y las especias para encurtir. Caliente hasta que hierva y cocine a fuego lento durante cinco minutos.

b) Colar en una medida de dos tazas.

c) Combine las remolachas y la cebolla en un tazón mediano; agregue una taza del líquido para encurtir; revuelva para mezclar; enfriar.

d) Revuelva el agua caliente en el líquido de decapado restante; vierta sobre los huevos en un tazón mediano. Deje reposar, volteando varias veces, durante aproximadamente una hora o hasta que los huevos adquieran un color rosado intenso; escurrir el líquido. Enfría los huevos hasta que estén listos para rellenar.

e) Corta los huevos por la mitad a lo largo; saque las yemas en un tazón pequeño; triturar bien.

f) Agregue el aderezo para ensaladas, la mostaza y la sal hasta que la mezcla esté ligera y esponjosa. Apilar de nuevo en los blancos.

g) Drene el líquido de las remolachas y las cebollas; cuchara en el centro de un plato para servir. Coloque los huevos rellenos en forma de anillo alrededor del borde.

5. Sartén de remolachas, espinacas y huevos

Marcas: 2

INGREDIENTES
- 2 pequeñas remolachas rojas y doradas
- 2 huevos
- 1 taza de espinacas
- 1 cucharada de aceite de coco
- 1 cucharadita de albahaca
- ¼ cucharadita de pimienta
- ¼ de cucharadita de sal marina

INSTRUCCIONES
a) Pelar las remolachas y luego cortarlas en trozos pequeños. Saltee con aceite de coco, hierbas y condimentos en una sartén hasta que comiencen a ablandarse.

b) Empuje las remolachas a un lado de la sartén y rompa los huevos. Cocine por uno o dos minutos, dependiendo de cómo le gusten. Mientras terminan de cocinarse, agregue un poco de espinaca para calentar en un lado separado de la sartén.

c) Una vez que todo esté listo retira del fuego y sirve caliente!

6. Hash De Remolacha Con Huevos

Hace: 4

INGREDIENTES:
- 1 libra de remolachas, peladas y cortadas en cubitos
- ½ libra de papas Yukon Gold, lavadas y cortadas en cubitos
- Sal gruesa y pimienta negra recién molida
- 2 cucharadas de aceite de oliva virgen extra
- 1 cebolla pequeña, picada
- 2 cucharadas de perejil fresco picado
- 4 huevos grandes

INSTRUCCIONES:
a) En una sartén de lados altos, cubra las remolachas y las papas con agua y hierva. Sazone con sal y cocine hasta que estén tiernos, unos 7 minutos. Escurra y limpie la sartén.

b) Caliente el aceite en una sartén a fuego medio-alto. Agregue las remolachas y las papas hervidas y cocine hasta que las papas comiencen a dorarse durante aproximadamente 4 minutos. Reduzca el fuego a medio, agregue la cebolla y cocine, revolviendo, hasta que esté tierno, aproximadamente 4 minutos. Ajuste la sazón y agregue el perejil.

c) Haz cuatro pozos anchos en el hachís. Rompa un huevo en cada uno y sazone el huevo con sal. Cocine hasta que las claras estén listas pero las yemas aún estén líquidas de 5 a 6 minutos.

7. Pizza de desayuno con masa de remolacha

Hace: 6

INGREDIENTES:
PARA LA MASA DE PIZZA:
- 1 taza de remolacha hervida y hecha puré
- ¾ taza de harina de almendras
- ⅓ taza de harina de arroz integral
- ½ cucharadita de sal
- 2 cucharaditas de polvo de hornear
- 1 cucharada de aceite de coco
- 2 cucharaditas de romero picado
- 1 huevo

COBERTURAS:
- 3 huevos
- 2 rebanadas de tocino cocido desmenuzado
- palta
- queso

INSTRUCCIONES
a) Precalentar el horno a 375 grados
b) Mezclar todos los ingredientes para la masa de pizza.
c) Hornear por 5 minutos
d) Sacar y hacer 3 pequeños "pocillos" con el dorso de una cuchara o molde de helado
e) Deja caer los 3 huevos en estos "pozos"
f) Hornear 20 minutos
g) Cubra con queso y tocino y hornee por 5 minutos más
h) Agregue más romero, queso y aguacate.

8. Frittata De Remolacha Y Queso De Cabra

Ingredientes:

1 remolacha grande, pelada y rallada
6 huevos grandes
1/4 taza de queso de cabra desmoronado
1 cucharada de aceite de oliva
1/4 cucharadita de sal
1/4 cucharadita de pimienta negra
1/4 taza de perejil fresco picado

Instrucciones:

Precaliente el horno a 350°F.

En un tazón grande, mezcle los huevos, el queso de cabra, la remolacha rallada, la sal y la pimienta.

Caliente el aceite de oliva en una sartén grande apta para horno a fuego medio.

Vierta la mezcla de huevo en la sartén y cocine durante 2-3 minutos, hasta que el fondo esté firme.

Transfiera la sartén al horno y hornee durante 8-10 minutos, hasta que la frittata esté bien cocida.

Espolvorear con perejil picado y servir.

9. Tazón de batido de remolacha y bayas

Ingredientes:

1 remolacha grande, pelada y cortada en cubitos
1 taza de bayas mixtas congeladas
1 plátano
1/2 taza de leche de almendras
1 cucharada de miel
1 cucharadita de extracto de vainilla
1/4 taza de granola
1 cucharada de semillas de chía

Instrucciones:

Agregue la remolacha cortada en cubitos, las bayas congeladas, el plátano, la leche de almendras, la miel y el extracto de vainilla a una licuadora.

Mezcle hasta que esté suave y cremosa.

Vierta el batido en un tazón.

Cubra con granola y semillas de chía.

Servir inmediatamente.

10. Hash de remolacha y patata dulce

Ingredientes:

1 remolacha grande, pelada y cortada en cubitos
1 batata grande, pelada y cortada en cubitos
1 cebolla, picada
2 dientes de ajo, picados
2 cucharadas de aceite de oliva
1/2 cucharadita de sal
1/4 cucharadita de pimienta negra
4 huevos

Instrucciones:

Caliente el aceite de oliva en una sartén grande a fuego medio.

Agregue la remolacha cortada en cubitos, la batata, la cebolla y el ajo a la sartén.

Cocine durante 15-20 minutos, revolviendo ocasionalmente, hasta que las verduras estén tiernas.

Condimentar con sal y pimienta.

Rompa los huevos en la sartén y cocine durante 2-3 minutos, hasta que las claras estén listas y las yemas aún estén líquidas.

Servir inmediatamente.

11. Tostada De Remolacha Y Aguacate

Ingredientes:

1 remolacha grande, pelada y rallada
2 rebanadas de pan integral
1 aguacate, en rodajas
1/4 cucharadita de sal
1/4 cucharadita de pimienta negra
1 cucharada de aceite de oliva
1 cucharada de cilantro fresco picado

Instrucciones:

Tostar las rebanadas de pan.

En un tazón pequeño, combine la remolacha rallada, la sal, la pimienta negra y el aceite de oliva.

Extienda la mezcla de remolacha sobre la tostada.

Cubra con aguacate en rodajas.

Espolvorear con cilantro picado.

Servir inmediatamente.

12. Parfait de remolacha y yogur

Ingredientes:

1 remolacha grande, pelada y rallada
1 taza de yogur griego
1 cucharada de miel
1/2 taza de granola
1/4 taza de bayas mixtas (opcional)

Instrucciones:

En un tazón pequeño, combine la remolacha rallada, el yogur griego y la miel.
Coloque la mezcla de yogur y la granola en capas en un vaso.
Cubra con bayas mixtas, si lo desea.
Servir inmediatamente.

13. Tacos de desayuno de remolacha y zanahoria

Ingredientes:

1 remolacha grande, pelada y rallada
1 zanahoria grande, pelada y rallada
4 tortillas de maíz pequeñas
4 huevos
1/4 cucharadita de sal
1/4 cucharadita de pimienta negra
2 cucharadas de aceite de oliva
1 cucharada de cilantro fresco picado

Instrucciones:

Caliente el aceite de oliva en una sartén grande a fuego medio.

Agregue la remolacha rallada y la zanahoria a la sartén.

Cocine durante 10-15 minutos, revolviendo ocasionalmente, hasta que las verduras estén tiernas.

Condimentar con sal y pimienta.

En una sartén aparte, fríe los huevos hasta que las claras estén cuajadas y las yemas aún estén líquidas.

Calentar las tortillas en el horno o microondas.

Arma los tacos rellenando cada tortilla con la mezcla de remolacha y zanahoria y un huevo frito.

Cubra con cilantro picado.

Servir inmediatamente.

14. Tostada De Remolacha Y Ricota Con Glaseado Balsámico

Ingredientes:

1 remolacha grande, pelada y rallada
2 rebanadas de pan integral
1/2 taza de queso ricota
1 cucharada de glaseado balsámico
1 cucharada de albahaca fresca picada

Instrucciones:

Tostar las rebanadas de pan.

Extienda el queso ricotta sobre la tostada.

Cubra con la remolacha rallada.

Rocíe el glaseado balsámico sobre la remolacha.

Espolvorear con albahaca picada.

Servir inmediatamente.

15. Tazón de desayuno de remolacha y quinoa

Ingredientes:

1 remolacha grande, pelada y cortada en cubitos
1 taza de quinua cocida
1/2 taza de col rizada picada
1/4 taza de queso feta desmenuzado
1 cucharada de aceite de oliva
1/4 cucharadita de sal
1/4 cucharadita de pimienta negra
1 cucharada de perejil fresco picado

Instrucciones:

Caliente el aceite de oliva en una sartén grande a fuego medio.

Agregue la remolacha cortada en cubitos a la sartén y cocine durante 10-15 minutos, revolviendo ocasionalmente, hasta que la remolacha esté tierna.

Agregue la col rizada picada a la sartén y cocine durante 2-3 minutos adicionales, hasta que la col rizada se ablande.

Condimentar con sal y pimienta.

En un tazón, combine la quinua cocida, la mezcla de remolacha y el queso feta desmenuzado.

Divide la mezcla de quinua en tazones.

Cubra con perejil picado.

Servir inmediatamente.

16. Budín de remolacha y chocolate con chía

Ingredientes:

1 remolacha grande, pelada y rallada
1/2 taza de semillas de chía
2 tazas de leche de almendras
1/4 taza de cacao en polvo sin azúcar
1/4 taza de jarabe de arce
1 cucharadita de extracto de vainilla

Instrucciones:

En una licuadora, combine la remolacha rallada, la leche de almendras, el cacao en polvo sin azúcar, el jarabe de arce y el extracto de vainilla.

Mezclar hasta que esté suave.

Vierta la mezcla en un tazón para mezclar.

Agregue las semillas de chía y revuelva para combinar.

Deje reposar el budín durante al menos 30 minutos, o toda la noche en el refrigerador.

Servir frío.

17. Sartén De Desayuno De Remolacha Y Salchichas

Ingredientes:

1 remolacha grande, pelada y cortada en cubitos
4 salchichas de desayuno, rebanadas
1 cebolla, picada
2 dientes de ajo, picados
2 cucharadas de aceite de oliva
1/2 cucharadita de sal
1/4 cucharadita de pimienta negra
4 huevos

Instrucciones:

Caliente el aceite de oliva en una sartén grande a fuego medio.
2. Agregue la remolacha picada, las salchichas rebanadas, la cebolla picada y el ajo picado a la sartén.

Cocine durante 10-15 minutos, revolviendo ocasionalmente, hasta que las verduras estén tiernas y la salchicha esté dorada.
Condimentar con sal y pimienta.
Cree cuatro pozos en la sartén y rompa un huevo en cada pozo.
Cubra la sartén y cocine durante 5 a 7 minutos adicionales, o hasta que los huevos estén cocidos a su gusto.
Servir inmediatamente.

18. Tarta De Desayuno De Remolacha Y Queso De Cabra

Ingredientes:

1 masa de pastel, hecha en casa o comprada en la tienda
1 remolacha grande, pelada y en rodajas finas
4 oz de queso de cabra, desmenuzado
2 huevos
1/4 taza de crema espesa
1/4 cucharadita de sal
1/4 cucharadita de pimienta negra
1 cucharada de tomillo fresco picado

Instrucciones:

Precaliente el horno a 375°F.

Coloque la masa de tarta en un molde para tarta de 9 pulgadas y pinche el fondo con un tenedor.

Coloque la remolacha en rodajas finas encima de la corteza.

En un tazón, mezcle los huevos, la crema espesa, la sal, la pimienta y el tomillo picado.

Vierta la mezcla de huevo sobre la remolacha y extiéndala uniformemente.

Espolvorear el queso de cabra desmenuzado por encima.

Hornee durante 25-30 minutos, o hasta que la corteza esté dorada y el relleno esté firme.

Deje que la tarta se enfríe durante unos minutos antes de cortarla y servirla.

SNACKS Y APERITIVOS

19. papas fritas de remolacha

Hace: 1

INGREDIENTES:
- 4 remolachas medianas, enjuague y en rodajas finas
- 1 cucharadita de sal marina
- 2 cucharadas de aceite de oliva
- Hummus, para servir

INSTRUCCIONES:
a)   Precaliente la freidora de aire a 380 ° F.
b)   En un tazón grande, mezcle las remolachas con sal marina y aceite de oliva hasta que estén bien cubiertas.
c)   Coloque las rodajas de remolacha en la freidora y extiéndalas en una sola capa.
d)   Freír durante 10 minutos. Revuelva, luego fría durante 10 minutos adicionales. Revuelva nuevamente, luego fría durante los últimos 5 a 10 minutos, o hasta que las papas fritas alcancen el tono crujiente deseado.
e)   Sirva con un hummus favorito.

20. Remolacha con eneldo y ajo

Rinde: 2 porciones

INGREDIENTES:
- 4 remolachas, limpias, peladas y en rodajas
- 1 diente de ajo picado
- 2 cucharadas de eneldo fresco picado
- ¼ cucharadita de sal
- ¼ cucharadita de pimienta negra
- 3 cucharadas de aceite de oliva

INSTRUCCIONES:
a) Precaliente la freidora de aire a 380 ° F.
b) En un tazón grande, mezcle todos los ingredientes para que las remolachas estén bien cubiertas con el aceite.
c) Vierta la mezcla de remolacha en la cesta de la freidora y ase durante 15 minutos antes de revolver, luego continúe asando durante 15 minutos más.

21. Ensalada de aperitivo de remolacha

Rinde: 4 porciones

INGREDIENTES

- 2 libras de remolachas
- Sal
- ½ cada cebolla española, cortada en cubitos
- 4 tomates, pelados, sin semillas y cortados en cubitos
- 2 cucharadas de vinagre
- 8 cucharadas de aceite de oliva
- Aceitunas negras
- 2 dientes de ajo de cada uno, picados
- 4 cucharadas de perejil italiano, picado
- 4 cucharadas de cilantro picado
- 4 papas medianas, hervidas
- Sal y pimienta
- Pimiento rojo picante

INSTRUCCIONES:

a) Corta los extremos de las remolachas. Lave bien y cocine en agua hirviendo con sal hasta que estén tiernos. Escurrir y quitar las pieles bajo el chorro de agua fría. Dado.

b) Mezclar los ingredientes del aderezo.

c) Combine las remolachas en una ensaladera con la cebolla, el tomate, el ajo, el cilantro y el perejil. Vierta sobre la mitad del aderezo, revuelva suavemente y enfríe durante 30 minutos. Rebane las papas, colóquelas en un tazón poco profundo y mezcle con el aderezo restante. Enfriar.

d) Cuando esté listo para ensamblar, coloque la remolacha, el tomate y la cebolla en el centro de un tazón poco profundo y coloque las papas en un anillo alrededor de ellos. Decorar con aceitunas.

22. Barcos de remolacha

Rinde: 6 porciones

INGREDIENTES:
- 8 remolachas pequeñas
- 10 onzas de carne de cangrejo, enlatada o fresca
- 2 cucharaditas de perejil fresco picado
- 1 cucharadita de jugo de limón

INSTRUCCIONES:
a) Cueza al vapor las remolachas durante 20-40 minutos, o hasta que estén tiernas. Enjuague con agua fría, pele y deje enfriar. Mientras tanto, mezcle la carne de cangrejo, el perejil y el jugo de limón.
b) Cuando las remolachas estén frías, córtelas a la mitad y saque los centros con una cuchara para melón o una cucharadita, haciendo un hueco. Rellene con la mezcla de cangrejo.
c) Sirva como aperitivo o para el almuerzo junto con hojas de remolacha salteadas.

23. buñuelos de remolacha

Rinde: 6 porciones

INGREDIENTES:
- 2 tazas de betabel crudo rallado
- ¼ taza de cebolla, picada
- ½ taza de pan rallado
- 1 huevo grande, batido
- ¼ de cucharadita de jengibre
- Sal y pimienta para probar

INSTRUCCIONES:

a) Mezclar todos los ingredientes. Coloque porciones del tamaño de un panqueque en una plancha caliente y engrasada.

b) Cocine hasta que se dore, volteando una vez.

c) Sirva cubierto con mantequilla, crema agria, yogur o cualquier combinación de estos.

24. Remolachas rellenas

Rinde: 6 porciones

INGREDIENTES:
- 6 remolachas grandes
- 6 cucharadas de queso picante rallado
- 2 cucharadas de pan rallado
- 2 cucharadas de crema agria
- 1 cucharada de condimento de pepinillos
- ½ cucharadita de sal
- ¼ cucharadita de pimienta
- ¼ taza de mantequilla
- ¼ taza de vino blanco

INSTRUCCIONES:
a) Ahueque las remolachas o use remolachas que se hayan usado para hacer guarniciones de bastones de caramelo.

b) Cocine las remolachas ahuecadas en agua ligeramente salada hasta que estén tiernas.

c) Enfriar y quitar la piel. Caliente el horno a 350F. Mezcle el queso, el pan rallado, la crema agria, el aderezo de pepinillos y los condimentos.

d) Rellene las remolachas con esta mezcla y colóquelas en una fuente para horno poco profunda engrasada. Cepille con mantequilla y hornee sin tapar en un horno a 350 F durante 15 a 20 minutos.

e) Derrita la mantequilla y mézclela con el vino blanco y rocíe de vez en cuando para mantener la humedad.

25. Hummus de Remolacha Asada

Ingredientes:

1 remolacha grande, asada y pelada
1 lata de garbanzos, escurridos y enjuagados
1/4 taza de tahini
1/4 taza de jugo de limón
2 dientes de ajo, picados
1/4 taza de aceite de oliva
Sal y pimienta para probar

Instrucciones:

En un procesador de alimentos, pulse la remolacha asada hasta que esté finamente picada.

Agregue los garbanzos, el tahini, el jugo de limón y el ajo picado.

Pulse hasta que todo esté combinado.

Mientras el procesador de alimentos está funcionando, rocíe lentamente el aceite de oliva.

Sazone con sal y pimienta, al gusto.

Sirva con chips de pita o verduras para mojar.

26. Crostini De Remolacha Y Queso De Cabra

Ingredientes:

1 baguette francesa, en rodajas
1 remolacha grande, asada y en rodajas
2 onzas de queso de cabra
1 cucharada de miel
1 cucharada de tomillo fresco picado

Instrucciones:

Precaliente el horno a 375°F.

Coloque las rebanadas de baguette en una bandeja para hornear y tueste en el horno durante 5 a 7 minutos, o hasta que estén ligeramente doradas.

Unte el queso de cabra en cada tostada.

Coloque la remolacha asada encima.

Rocíe miel sobre las rodajas de remolacha.

Espolvorear con tomillo picado.

Servir inmediatamente.

27. Dip de remolacha y feta

Ingredientes:

1 remolacha grande, asada y pelada
4 oz de queso feta, desmenuzado
1/4 taza de yogur griego
1 cucharada de jugo de limón
2 dientes de ajo, picados
2 cucharadas de aceite de oliva
Sal y pimienta para probar

Instrucciones:

En un procesador de alimentos, pulse la remolacha asada hasta que esté finamente picada.

Agregue el queso feta desmenuzado, el yogur griego, el jugo de limón y el ajo picado.

Pulse hasta que todo esté combinado.

Mientras el procesador de alimentos está funcionando, rocíe lentamente el aceite de oliva.

Sazone con sal y pimienta, al gusto.

Sirva con chips de pita o verduras para mojar.

28. Tartar de remolacha y aguacate

Ingredientes:

1 remolacha grande, pelada y picada finamente
1 aguacate, pelado y finamente picado
1/4 taza de perejil fresco picado
2 cucharadas de aceite de oliva
1 cucharada de jugo de limón
Sal y pimienta para probar

Instrucciones:

En un tazón, combine la remolacha cortada en cubitos, el aguacate cortado en cubitos y el perejil picado.

Rocíe el aceite de oliva y el jugo de limón sobre la mezcla.

Sazone con sal y pimienta, al gusto.

Revuelva suavemente todo junto.

Servir inmediatamente.

29. Buñuelos De Remolacha Y Zanahoria

Ingredientes:

2 remolachas medianas, ralladas
2 zanahorias medianas, ralladas
1/2 cebolla, finamente picada
1/4 taza de harina
1/4 taza de pan rallado
1 huevo batido
2 cucharadas de aceite de oliva
Sal y pimienta para probar

Instrucciones:

En un tazón, combine las remolachas ralladas, las zanahorias ralladas, la cebolla finamente picada, la harina, el pan rallado y el huevo batido.

Sazone con sal y pimienta, al gusto.

Mezclar todo junto hasta que esté bien combinado.

Caliente el aceite de oliva en una sartén grande a fuego medio.

Usando una cuchara o una cuchara para galletas, deje caer pequeñas porciones de la mezcla en la sartén caliente.

Freír hasta que estén doradas por ambos lados, unos 2-3 minutos por lado.

Escurrir sobre una toalla de papel y servir caliente.

30. Ensalada de remolacha y manzana

Ingredientes:

2 remolachas grandes, asadas y cortadas en cubitos
2 manzanas medianas, cortadas en cubitos
1/4 taza de nueces picadas
1/4 taza de queso azul desmenuzado
2 cucharadas de aceite de oliva
1 cucharada de miel
1 cucharada de vinagre de sidra de manzana
Sal y pimienta para probar

Instrucciones:

En un tazón, combine las remolachas asadas y cortadas en cubitos, las manzanas cortadas en cubitos, las nueces picadas y el queso azul desmenuzado.

En un tazón pequeño separado, mezcle el aceite de oliva, la miel, el vinagre de sidra de manzana, la sal y la pimienta.

Vierta el aderezo sobre la ensalada y revuelva hasta que esté bien combinado.

Servir inmediatamente.

31. Dip de remolacha con queso feta y menta

Ingredientes:

1 remolacha grande, asada y pelada
2 oz de queso feta, desmenuzado
1/4 taza de yogur griego
2 cucharadas de menta fresca, picada
1 diente de ajo, picado
2 cucharadas de aceite de oliva
Sal y pimienta para probar

Instrucciones:

En un procesador de alimentos, pulse la remolacha asada hasta que esté finamente picada.

Agregue el queso feta desmenuzado, el yogur griego, la menta fresca picada y el ajo picado.

Pulse hasta que todo esté combinado.

Mientras el procesador de alimentos está funcionando, rocíe lentamente el aceite de oliva.

Sazone con sal y pimienta, al gusto.

Sirva con galletas saladas o pan de pita para mojar.

32. Empanadas de remolacha y garbanzos

Ingredientes:

1 remolacha grande, asada y rallada
1 lata de garbanzos, escurridos y enjuagados
1/2 cebolla, finamente picada
1/4 taza de harina
1/4 taza de pan rallado
1 huevo batido
2 cucharadas de aceite de oliva
Sal y pimienta para probar

Instrucciones:

En un bol mezclar la remolacha rallada, los garbanzos, la cebolla finamente picada, la harina, el pan rallado y el huevo batido.
2. Sazone con sal y pimienta al gusto.

Mezclar todo junto hasta que esté bien combinado.
Forme la mezcla en pequeñas empanadas.
Caliente el aceite de oliva en una sartén grande a fuego medio.
Agregue las hamburguesas a la sartén caliente y fríalas hasta que estén doradas por ambos lados, aproximadamente 2-3 minutos por lado.
Escurrir sobre una toalla de papel y servir caliente.

PLATO PRINCIPAL

33. Caballa española a la plancha con manzanas y remolacha

Rinde: 4 porciones

INGREDIENTES
- 2 caballas españolas (alrededor de 2 libras cada una), sin escamas y limpias, sin branquias
- 2¼ tazas de salmuera de hinojo
- 1 cucharada de aceite de oliva
- 1 cebolla mediana, finamente picada
- 2 remolachas medianas, asadas, hervidas, a la parrilla o enlatadas; picado muy fino
- 1 manzana ácida, pelada, sin corazón y finamente picada
- 1 diente de ajo picado
- 1 cucharada de hojas de hinojo o eneldo fresco finamente picado
- 2 cucharadas de queso de cabra fresco
- 1 lima, cortada en 8 gajos

INSTRUCCIONES:
a) Enjuague el pescado y colóquelo en una bolsa con cierre hermético de 1 galón con la salmuera, extraiga el aire y selle la bolsa. Refrigere de 2 a 6 horas.
b) Caliente el aceite en una sartén grande a fuego medio. Agregue las cebollas y saltee hasta que estén tiernas, aproximadamente 3 minutos. Agregue las remolachas y la manzana y saltee hasta que la manzana esté tierna, aproximadamente 4 minutos. Agregue el ajo y el eneldo y caliente, aproximadamente 1 minuto. Enfríe la mezcla a temperatura ambiente y agregue el queso de cabra.
c) Mientras tanto, encienda una parrilla a fuego medio directo, alrededor de 375¡F.

d) Retire el pescado de la salmuera y séquelo. Deseche la salmuera. Rellene las cavidades del pescado con la mezcla fría de remolacha y manzana y asegúrelo con una cuerda, si es necesario.

e) Cepille la rejilla de la parrilla y cúbrala con aceite. Asa el pescado hasta que la piel esté crujiente y el pescado se vea opaco en la superficie, pero aún esté húmedo y húmedo en el medio (130¼F en un termómetro de lectura instantánea), de 5 a 7 minutos por lado. Retirar el pescado a una fuente de servir y servir con las rodajas de lima.

34. Risotto de remolacha

Hace: 4

INGREDIENTES:
- 50 g de mantequilla
- 1 cebolla, finamente picada
- 250 g de arroz para risotto
- 150 ml de vino blanco
- 1 litro de caldo de verduras
- 300 g de remolacha cocida
- 1 limón, rallado y en jugo
- perejil de hoja plana un manojo pequeño, picado
- 125 g de queso de cabra tierno
- un puñado de nueces, tostadas y picadas

INSTRUCCIONES:

a) Derrita la mantequilla en una sartén profunda y cocine la cebolla con un poco de condimento durante 10 minutos hasta que esté suave. Vierta el arroz y revuelva hasta que cada grano esté cubierto, luego vierta el vino y burbujee durante 5 minutos.

b) Agregue el caldo un cucharón a la vez, mientras revuelve, agregando solo una vez que se haya absorbido el lote anterior.

c) Mientras tanto, tome la mitad de la remolacha y tritúrela en una licuadora pequeña hasta que quede suave, y pique el resto.

d) Una vez que el arroz esté cocido, revuelva con las remolachas batidas y picadas, la ralladura y el jugo de limón y la mayor parte del perejil. Divida entre platos y cubra con queso de cabra desmenuzado, las nueces y el perejil restante.

35. Sliders de remolacha con microgreens

Rinde: 4 porciones

INGREDIENTES:
REMOLACHAS
- 1 diente de ajo, ligeramente aplastado y pelado
- 2 zanahorias peladas, cortadas
- Pellizco Sal y pimienta
- 1 cebolla, pelada y cortada en cuartos
- 4 remolachas
- 1 cucharada de semillas de alcaravea
- 2 tallos de apio enjuagados, recortados

VENDAJE:
- ½ taza de mayonesa
- ⅓ taza de suero de leche
- ½ taza de perejil picado, cebollín, estragón o tomillo
- 1 cucharada de jugo de limón recién exprimido
- 1 cucharadita de pasta de anchoas
- 1 diente de ajo picado
- Sal pimienta

ADICIÓN:
- bollos deslizantes
- 1 cebolla roja en rodajas finas
- Un puñado de microvegetales mixtos

INSTRUCCIONES:

VENDAJE

a) Combine el suero de leche, las hierbas, la mayonesa, el jugo de limón, la pasta de anchoas, el ajo, la sal y la pimienta.

REMOLACHAS

b) En un horno holandés, hierva la remolacha, el apio, las zanahorias, las cebollas, el ajo, las semillas de alcaravea, la sal y la pimienta durante 55 minutos.

c) Pelar las remolachas y cortarlas en rodajas.

d) Saltee las rodajas de remolacha durante 3 minutos por cada lado en una sartén cubierta con aerosol para cocinar.

ARMAR

e) Coloque los bollos deslizantes en un plato y cúbralos con remolacha, vinagreta, cebollas rojas y micro verduras.

f) Disfrutar.

Camarones Con Amaranto Y Queso De Cabra

Hace: 4

INGREDIENTES:
- 2 remolachas en espiral
- 4 oz de queso de cabra ablandado
- ½ taza de microvegetales de rúcula ligeramente picados
- ½ taza de Microgreens de Amaranto Ligeramente picados
- 1 libra de camarones
- 1 taza de nueces picadas
- ¼ taza de azúcar de caña sin refinar
- 1 cucharada de mantequilla
- 2 cucharadas de Aceite de Oliva Virgen Extra

INSTRUCCIONES:

a) Coloque el queso de cabra para que se ablande durante 30 minutos antes de comenzar las preparaciones.

b) Precalentar el horno a 375 grados

c) Caliente una sartén a fuego moderado.

d) Agregue las nueces, el azúcar y la mantequilla a la sartén y revuelva con frecuencia a fuego moderado.

e) Revuelva constantemente una vez que el azúcar comience a derretirse.

f) Una vez que las nueces estén recubiertas, transfiéralas inmediatamente a una hoja de papel pergamino y sepárelas para que no se endurezcan. Dejar de lado

g) Cortar las remolachas en espirales.

h) Mezcle las espirales con aceite de oliva y sal marina.

i) Extienda las remolachas en una bandeja para hornear galletas y hornee en el horno durante 20 a 25 minutos.

j) Enjuague los camarones y agréguelos a una cacerola.

k) Llena una cacerola con agua y sal marina. Llevar a ebullición.
l) Escurra el agua y póngala en un baño de hielo para detener la cocción.
m) Recorte y pique ligeramente los microgreens de rúcula. Dejar de lado.
n) Agregue microgreens al queso ablandado, dejando a un lado unas pizcas de cada microgreen.
o) Mezclar microgreens y queso.
p) Raspe la mezcla de queso en una bola.
q) Plato de remolacha.
r) Agregue una cucharada de queso encima de las remolachas.
s) Coloque las nueces alrededor del plato.
t) Agregue los camarones y espolvoree con los microgreens restantes, la sal y la pimienta molida.

36. Vieiras a la plancha y col rizada con salsa de remolacha fresca

Rinde: 4 porciones

INGREDIENTES:
- 1¼ taza de jugo de remolacha fresca
- aceite de oliva afrutado
- 1 cucharadita de vinagre de vino blanco
- Sal kosher; probar
- Pimienta negra recién molida; probar
- 1¼ libras de vieiras frescas
- Unas gotas de jugo de limón fresco
- 1 libra de hojas tiernas de col rizada; Núcleo central resistente eliminado
- Unas gotas de vinagre de Jerez
- cebollino fresco; cortar en palitos
- Pequeños dados de pimiento amarillo

INSTRUCCIONES:

a) Coloque el jugo de remolacha en una cacerola no reactiva y hierva hasta que se reduzca a aproximadamente ½ taza.

b) Fuera del fuego, mezcle de 2 a 3 cucharadas de aceite de oliva lentamente en una reducción para espesar la salsa. Batir en vinagre de vino blanco, sal y pimienta al gusto. Ponga a un lado y mantenga caliente.

c) Engrase ligeramente las vieiras y sazone con sal, pimienta y unas gotas de jugo de limón.

d) Cepille las hojas de col rizada con aceite y sazone ligeramente. Asa la col rizada por ambos lados hasta que las hojas estén ligeramente chamuscadas y bien cocidas.

e) Asa las vieiras hasta que estén cocidas (el centro debe estar ligeramente opaco). Coloque la col rizada de forma atractiva en el centro de platos calientes y rocíe unas gotas de vinagre de jerez por encima.

f) Coloque las vieiras encima y vierta la salsa de remolacha alrededor. Adorne con palitos de cebollino y pimiento amarillo y sirva de inmediato.

37. Risotto de remolacha y cebada

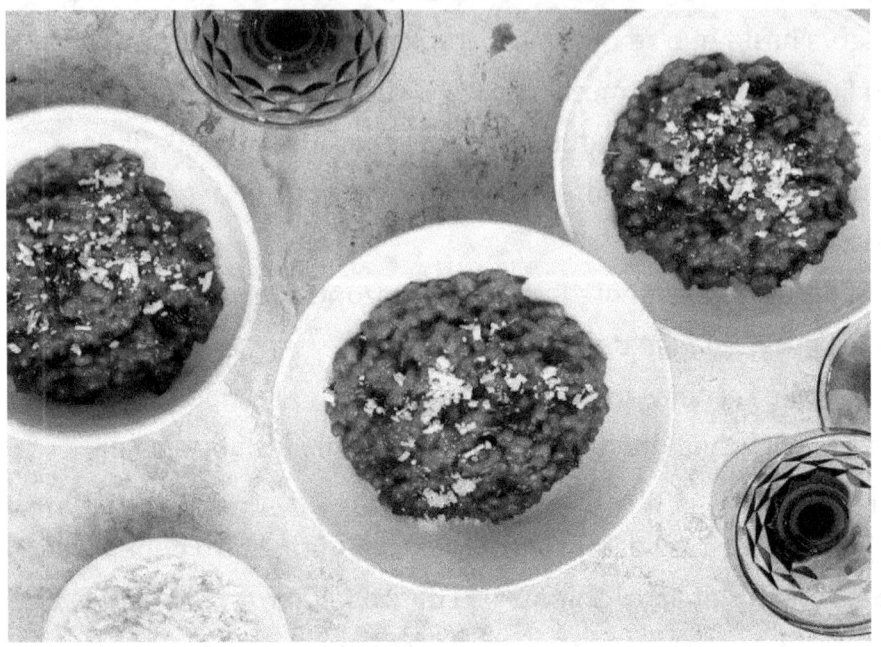

Hace: 6

INGREDIENTES

- 2 remolachas rojas o amarillas (alrededor de 1½ libras en total), o 1½ libras de remolachas pequeñas, tallos y hojas reservados
- Aceite de oliva virgen extra
- Sal kosher
- 10 tazas de caldo de pollo
- 2 cucharadas de mantequilla sin sal
- 1 taza de cebolla amarilla picada (alrededor de 1 cebolla mediana)
- 2 dientes de ajo, picados
- 2 tazas de cebada perlada
- ½ taza de vino blanco seco (como sauvignon blanc o pinot grigio)
- ¼ taza de crema fresca
- 2 cucharaditas de vinagre de vino tinto
- Pimienta negra recién molida
- ¼ de libra de queso ricotta salata, rallado

INSTRUCCIONES

a) Prepara las remolachas. Precaliente el horno a 425°F. Enjuague bien los tallos y las hojas verdes (hojas). Corta los tallos en rodajas finas y corta las hojas en trozos grandes, manteniéndolas separadas. Recorte los extremos del tallo de los bulbos; frote bien los bulbos con agua fría.

b) Asar y rallar las remolachas. Coloque los bulbos de remolacha en una fuente para horno pequeña. Agregue suficiente agua para llegar a la mitad de los lados de las remolachas. Rocíe con aceite de oliva y sazone generosamente con sal. Cubra la fuente para hornear con papel de aluminio y selle herméticamente. Asar durante 1 hora, o hasta que estén tiernos al pincharlos con un tenedor. Cuando esté lo suficientemente frío como para manipularlo, pero aún tibio, use una toalla de papel y sus dedos para frotar suavemente la piel de las remolachas; descartar las pieles. Use un rallador de caja para rallar las remolachas en trozos grandes. Dejar de lado.

c) Cocine las hojas de remolacha. Mientras se asan las remolachas, caliente una olla de agua con sal hasta que hierva a fuego alto. Agregue las hojas de remolacha picadas (hojas) y cocine de 4 a 6 minutos, hasta que se ablanden. Transferir a un colador de malla fina para drenar; use una cuchara para presionar las verduras hacia abajo para liberar la mayor cantidad de líquido posible. Dejar de lado.

d) Caliente el caldo y sude los aromáticos. En una cacerola, caliente el caldo de pollo a fuego lento a fuego medio. Apaga el fuego. En una cacerola grande de lados altos, caliente 2 cucharadas de aceite de oliva y 1 cucharada de mantequilla a fuego medio-bajo hasta que la mantequilla se derrita. Agregue la cebolla, el ajo y los tallos de remolacha y sazone con sal. Cocine, revolviendo ocasionalmente, durante 3 a 5 minutos, hasta que estén suaves y fragantes pero no dorados.

e) Tostar la cebada. Agrega la cebada. Cocine, revolviendo ocasionalmente, durante 4 a 6 minutos, hasta que la cebada comience a hincharse ligeramente. Agregue el vino y cocine, revolviendo con frecuencia, durante 30 segundos a 1 minuto, hasta que se absorba. Sazone con sal y revuelva para combinar.

f) Agrega el caldo. Agregue 2 tazas de caldo y cocine, revolviendo con frecuencia, de 8 a 10 minutos, hasta que se haya absorbido la mayor parte del líquido. Repita con las 8 tazas de caldo restantes, agregue el caldo 2 tazas a la vez y revuelva hasta que la mayor parte del líquido se absorba antes de cada adición, durante 22 a 28 minutos en total.

g) Termina el risotto. Agregue las remolachas ralladas y cocine, revolviendo con frecuencia, durante 2 a 3 minutos, hasta que estén bien combinados. Agregue las hojas de remolacha y sazone con sal. Cocine, revolviendo con frecuencia, durante 30 segundos a 1 minuto, hasta que se caliente por completo. Agregue la crème fraîche, la cucharada restante de mantequilla y el vinagre. Cocine, revolviendo constantemente, durante 2 a 3 minutos, hasta que esté bien combinado y espesado. Retire del fuego. Condimentar con sal y pimienta. Transfiera a un plato para servir, cubra con el queso y sirva.

38. Pollo Relleno De Remolacha Y Feta

Ingredientes:

4 pechugas de pollo deshuesadas y sin piel
1 remolacha grande, asada y rallada
4 oz de queso feta, desmenuzado
1/4 taza de perejil fresco picado
2 dientes de ajo, picados
2 cucharadas de aceite de oliva
Sal y pimienta para probar

Instrucciones:

Precaliente el horno a 375°F (190°C).

En un tazón, combine la remolacha rallada, el queso feta desmenuzado, el perejil fresco picado, el ajo picado, el aceite de oliva, la sal y la pimienta.

Corta un bolsillo en el costado de cada pechuga de pollo.

Rellene cada pechuga de pollo con la mezcla de remolacha y queso feta.

Asegure los bolsillos con palillos de dientes.

Caliente una sartén grande a fuego medio-alto.

Agregue las pechugas de pollo rellenas a la sartén y cocine durante 3-4 minutos por lado, hasta que estén doradas.

Transfiere las pechugas de pollo a una fuente para horno.

Hornee durante 20-25 minutos o hasta que el pollo esté bien cocido.

Servir caliente.

39. Risotto de remolacha y champiñones

Ingredientes:

1 remolacha grande, asada y cortada en cubitos
8 oz de champiñones, en rodajas
1 cebolla, finamente picada
2 dientes de ajo, picados
1 taza de arroz arbóreo
1/2 taza de vino blanco
3 tazas de caldo de verduras
1/4 taza de queso parmesano rallado
2 cucharadas de mantequilla
2 cucharadas de aceite de oliva
Sal y pimienta para probar

Instrucciones:

En una olla grande, caliente el aceite de oliva a fuego medio.

Agregue la cebolla finamente picada y el ajo picado y saltee hasta que estén suaves y transparentes.

Agregue los champiñones en rodajas y la remolacha asada en cubitos y revuelva hasta que se combinen.

Agregue el arroz Arborio y revuelva hasta que el arroz esté cubierto de aceite.

Agregue el vino blanco y revuelva hasta que el vino se absorba. Poco a poco, agregue el caldo de verduras, un cucharón a la vez, revolviendo continuamente hasta que se absorba cada cucharón de caldo antes de agregar el siguiente.

Continúe cocinando el risotto hasta que el arroz esté tierno y cremoso.

Retire del fuego y agregue el queso parmesano rallado y la mantequilla.

Sazone con sal y pimienta, al gusto.

Servir inmediatamente.

40. Risotto de Remolacha y Queso de Cabra

Ingredientes:

2 remolachas grandes, asadas y ralladas
1 cebolla, picada
2 dientes de ajo, picados
1 taza de arroz arbóreo
1/2 taza de vino blanco
4 tazas de caldo de verduras
4 onzas de queso de cabra
2 cucharadas de aceite de oliva
Sal y pimienta para probar

Instrucciones:

En una olla grande, caliente el aceite de oliva a fuego medio.

Agregue la cebolla picada y el ajo picado y saltee hasta que estén suaves y transparentes.

Agregue el arroz Arborio y revuelva hasta que esté cubierto de aceite.

Agregue el vino blanco y revuelva hasta que se mezclen.

Agregue el caldo de verduras, una taza a la vez, revolviendo constantemente y permitiendo que el caldo se absorba antes de agregar la siguiente taza.

Cuando el arroz esté cocido, agregue las remolachas asadas ralladas y revuelva hasta que se mezclen.

Agregue el queso de cabra y revuelva hasta que se derrita.

Sazone con sal y pimienta, al gusto.

Servir inmediatamente.

41. Salteado de remolacha y champiñones

Ingredientes:

2 remolachas grandes, peladas y cortadas en juliana
1 taza de champiñones rebanados
1 cebolla, en rodajas
2 dientes de ajo, picados
1 cucharada de jengibre rallado
2 cucharadas de salsa de soja
2 cucharadas de aceite de sésamo
2 cucharadas de aceite de oliva
Sal y pimienta para probar

Instrucciones:

En un wok o sartén grande, caliente el aceite de oliva y el aceite de sésamo a fuego alto.

Agregue las remolachas en juliana y saltee durante 2-3 minutos.

Agregue los champiñones en rodajas, la cebolla en rodajas, el ajo picado y el jengibre rallado y saltee durante 2-3 minutos más.

Agregue la salsa de soja y saltee durante otros 1-2 minutos.

Sazone con sal y pimienta, al gusto.

Servir con arroz o fideos.

ENSALADAS

42. Remolacha con Gremolata de Naranja

Rinde: 12 porciones

INGREDIENTES:
- 3 remolachas doradas, recortadas
- 2 cucharadas de jugo de lima
- 1 cucharadita de ralladura de naranja
- 2 cucharadas de semilla de girasol
- 1 cucharada de perejil picado
- 3 cucharadas de queso de cabra
- 1 cucharada de salvia picada
- 2 cucharadas de jugo de naranja
- 1 diente de ajo picado

INSTRUCCIONES:
a)   Precaliente la freidora a 400. Doble papel de aluminio resistente alrededor de las remolachas y colóquelas en una bandeja en la cesta de la freidora.
b)   Cocine hasta que estén tiernos, 50 minutos. Pelar, cortar por la mitad y rebanar las remolachas; colocar en un bol.
c)   Agregue jugo de lima, jugo de naranja y sal.
d)   Espolvorea con perejil, salvia, ajo y ralladura de naranja, y cubre con queso de cabra y semillas de girasol.

43. Remolachas Con Verduras Y Albaricoques Laminados

Rinde: 4 porciones

INGREDIENTES:
- 1 manojo mediano de remolachas con verduras
- 1⁄3 taza de jugo de limón fresco
- 2 cucharadas de azúcar moreno claro
- ½ taza de albaricoques secos
- Sal y pimienta negra recién molida

INSTRUCCIONES:

a) Precaliente el horno a 400°F. Retire las hojas de las remolachas y lávelas bien, luego córtelas transversalmente en tiras de ½ pulgada de ancho. Dejar de lado. Frote bien las remolachas.

b) Envuelva bien las remolachas en papel de aluminio y hornee hasta que estén tiernas, aproximadamente 1 hora.

c) Mientras se asan las remolachas, coloque los albaricoques en un recipiente pequeño resistente al calor y cúbralos con agua hirviendo para que se ablanden durante unos 10 minutos. Escurrir y cortar en rodajas finas y reservar.

d) Cuando las remolachas estén asadas, desenvuélvelas y déjalas a un lado para que se enfríen. Cuando estén lo suficientemente fríos para manipularlos, pele las remolachas y córtelas en rodajas de 1⁄4 de pulgada de grosor, y déjelas a un lado.

e) En una cacerola pequeña, combine el jugo de limón, el azúcar y los albaricoques en rodajas y deje hervir. Reduzca el fuego a bajo y cocine a fuego lento durante 5 minutos. Dejar de lado.

f) Coloque las verduras reservadas en una sartén con 2 cucharadas de agua. Cubra y deje hervir, luego reduzca el fuego a medio y cocine hasta que las verduras se marchiten y el líquido se evapore aproximadamente 2 minutos. Agregue la mezcla de albaricoque y limón a las verduras y sazone con sal y pimienta al gusto. Agregue las rodajas de remolacha y cocine hasta que se calienten durante aproximadamente 3 minutos. Servir inmediatamente.

44. Ensalada De Remolacha e Hinojo

Rinde: 2 porciones

INGREDIENTES:
- 3 tazas de verduras picadas
- ¼ de bulbo de hinojo, en rodajas finas
- ½ taza de floretes de brócoli cocidos picados
- ½ taza de betabel picado
- 1 a 2 cucharadas de aceite de oliva virgen extra
- Jugo de ½ limón

INSTRUCCIONES:

a)   En un tazón grande, mezcle las verduras, el hinojo, el brócoli y la remolacha.

b)   Mezcle con aceite de oliva y jugo de limón.

45. Ensalada De Remolacha Y Avellana

Rinde: 2 porciones

INGREDIENTES:
- 2 tazas de espinacas tiernas
- ½ aguacate, cortado en cubitos
- 1 taza de remolacha, cortada en cubitos
- ¼ taza de avellanas
- 2 cucharadas de aceite de oliva virgen extra
- 1 cucharada de vinagre balsámico

INSTRUCCIONES:
a)   Ponga la espinaca, el aguacate, la remolacha y las avellanas en un tazón. Aliñar con aceite y vinagre.
b)   Mezcle y disfrute.

46. Ensalada De Remolacha Y Tomate

Rinde: 2 porciones

INGREDIENTES:
- ½ taza de tomates frescos – picados
- ½ taza de remolacha cocida – picada
- 1 cucharada de aceite vegetal
- ¼ Cucharadas de semillas de mostaza
- ¼ Cucharadas de semillas de comino
- una pizca de cúrcuma
- 2 pizcas de asafétida
- 4 hojas de curry
- Sal al gusto
- Azúcar al gusto
- 2 cucharadas de maní en polvo
- Hojas de cilantro recién picadas

INSTRUCCIONES:

a) Caliente el aceite antes de agregar las semillas de mostaza.

b) Cuando comiencen a explotar, agregue el comino, la cúrcuma, las hojas de curry y la asafétida.

c) Mezcle la remolacha y el tomate con la mezcla de especias, maní en polvo, sal, azúcar y hojas de cilantro al gusto.

47. Ensalada Verde Mixta Con Remolacha

Rinde: 4 porciones

INGREDIENTES:
- 2 remolachas medianas, sin tapas
- 2 cucharadas de jugo de naranja fortificado con calcio
- 1 ½ cucharadita de miel
- ⅛ cucharadita de sal
- ⅛ cucharadita de pimienta negra
- ¼ taza de aceite de oliva
- 2 cucharadas de semillas de girasol crudas y sin cáscara
- 1 naranja, cortada en gajos
- 3 tazas de ensalada verde mixta empacada
- ¼ taza de queso feta bajo en grasa, desmoronado

INSTRUCCIONES:

a) En una cacerola mediana, cubra las remolachas con agua. Llevar a ebullición, luego bajar a fuego lento.

b) Cocine durante 20-30 minutos, o hasta que estén tiernos, cubiertos. Las remolachas deben ser escurridas.

c) Cuando las remolachas estén lo suficientemente frías para manipularlas, pélelas con agua corriente y córtelas en gajos.

d) Mientras tanto, mezcle el jugo de naranja, la miel, el ajo, la sal y la pimienta en un frasco.

e) Agite el aceite de oliva hasta que el aderezo esté suave. Eliminar de la ecuación.

f) En una sartén pequeña, derrita la mantequilla a fuego medio-bajo.

g) En una sartén para saltear seca, tueste las semillas de girasol durante 2-3 minutos, o hasta que estén aromáticas.

h) Mezcle las remolachas, las semillas de girasol, los gajos de naranja, las verduras mixtas y el queso feta en un tazón grande para servir.

i) Servir con un chorrito de aderezo.

48. Ensalada Arco Iris De Remolacha Y Pistacho

Rinde: 2 porciones

INGREDIENTES:
- 2 manojos pequeños de remolacha arcoíris, recortados
- Aceite de canola para remolacha

ACEITE DE OLIVA ALBAHACA LIMÓN:
- 2 tazas de albahaca suelta
- ¼ taza escasa de aceite de oliva
- ½ jugo de un limón
- pizca de sal kosher
- 1 Cucharada de Pistachos picados
- 1 taza de Micro Verduras
- Sal de hierbas cítricas – opcional

INSTRUCCIONES:

a) Mezcle las remolachas con 1 o 2 cucharadas de aceite de canola hasta que estén cubiertas suavemente.

b) Coloque las remolachas en una bandeja para hornear con borde, cúbralas con papel aluminio y áselas a la parrilla durante 30 a 45 minutos, o hasta que estén tiernas y doradas.

c) Retire las cáscaras de las remolachas y deséchelas.

d) Para hacer el aceite de oliva con albahaca, mezcle todos los ingredientes en una licuadora hasta que quede suave.

e) Rocíe una pequeña cantidad de aceite de oliva y albahaca en el fondo de dos platos pequeños.

f) En cada plato, esparza una pequeña cantidad de microvegetales, la mitad de las remolachas, la sal de hierbas cítricas y los pistachos.

g) Coloque las micro verduras restantes encima de cada plato.

49. Ensalada Rosa

Rinde: 2 porciones

INGREDIENTES

ENSALADA

- 4 zanahorias enteras
- ⅓ cebolla roja mediana, en rodajas
- 1 remolacha grande
- 1 toronja rosada, cortada
- 1 puñado de pistachos picados gruesos

VINAGRETA

- ½ taza de aceite de oliva
- ¼ taza de vinagre de vino de arroz
- 1 cucharadita de mostaza
- 1 cucharadita de jarabe de arce
- 1-2 dientes de ajo picados
- sal y pimienta para probar

INSTRUCCIONES:

a) Corte las remolachas en gajos medianos y colóquelas en un recipiente apto para microondas, cubra y micro hasta que estén tiernas. El mío tomó 6 ½ minutos. Elijo no pelar el mío porque no me importa la piel, pero haz lo que quieras.

b) Con un pelador de zanahorias, corte tiras largas de cada zanahoria hasta que llegue al centro y no pueda cortar más. Guarde los núcleos para masticarlos más tarde.

c) En un tazón grande, coloque todos los ingredientes de su ensalada excepto los pistachos.

d) En otro bowl coloca todos los ingredientes del aderezo y bate hasta emulsionar.

e) Cuando esté listo para servir la ensalada, mézclela con suficiente aderezo para cubrirla y reserve el resto para la ensalada de mañana.

f) Espolvorea los pistachos y listo.

50. Ensalada De Remolacha Amarilla Con Peras

Rinde: 2 porciones

INGREDIENTES:
- 3 a 4 remolachas amarillas medianas
- 2 cucharadas de vinagre balsámico blanco
- 3 cucharadas de mayonesa vegana, casera (ver Mayonesa vegana) o comprada en la tienda
- 3 cucharadas de crema agria vegana, casera (ver Crema agria de tofu) o comprada en la tienda
- 1 cucharada de leche de soya
- 1½ cucharadas de eneldo fresco picado
- 1 cucharada de chalota picada
- ½ cucharadita de sal
- ¼ cucharadita de pimienta negra recién molida
- 2 peras Bosc maduras
- Jugo de 1 limón
- 1 cabeza pequeña de lechuga de hoja roja, cortada en trozos pequeños

INSTRUCCIONES:

a) Cocine al vapor las remolachas hasta que estén tiernas, luego enfríelas y pélelas. Corta las remolachas en cerillas y colócalas en un recipiente poco profundo. Agregue el vinagre y revuelva para cubrir. Dejar de lado.

b) En un tazón pequeño, combine la mayonesa, la crema agria, la leche de soya, el eneldo, la chalota, la sal y la pimienta. Dejar de lado.

c) Descorazona las peras y córtalas en dados de 1/4 de pulgada. Coloque las peras en un tazón mediano, agregue el jugo de limón y revuelva suavemente para combinar. Dividir la lechuga en 4 platos de ensalada y colocar encima las peras y las remolachas. Rocíe el aderezo sobre la ensalada, espolvoree con nueces y sirva.

51. Ensalada de remolacha y tofu

Rinde: 4 porciones

INGREDIENTES:
- 3 remolachas; peladas O 5 remolachas pequeñas
- 1 cebolla bermuda roja pequeña; cortadas en aros finos y separadas
- 1 libra de tofu firme o extra firme; escurrido y cortado en cubos de ½ pulgada
- ¼ taza de vinagre de vino tinto
- 2 cucharadas de vinagre balsámico
- ¼ taza de aceite de oliva; o menos al gusto
- ½ cucharadita de orégano seco
- Sal y pimienta

INSTRUCCIONES:
a) Cocine las remolachas hasta que estén tiernas cuando las pruebe con un tenedor: las remolachas grandes pueden tardar 45 minutos en hervir y cocinarse.
b) Cuando esté lo suficientemente frío como para manipularlo, corte las remolachas por la mitad, luego corte cada mitad en rodajas de ¼ de pulgada. Colocar en un bol. Agrega el aderezo. Mezcle suavemente para combinar.
c) Gusto por los condimentos. Servir inmediatamente o frío. Mezcle nuevamente justo antes de servir.

52. Ensalada de pomelo, remolacha y queso azul

Rinde: 1 porción

INGREDIENTES:
- ½ manojo de berros; tallos gruesos desechados
- 1 pomelo
- 1 onza de queso azul; cortar en rodajas pequeñas y finas
- 2 remolachas cocidas peladas, ralladas gruesas
- 4 cucharaditas de aceite de oliva virgen extra
- 1 cucharada de vinagre balsámico
- Sal gruesa al gusto
- Pimienta molida gruesa al gusto

INSTRUCCIONES:
a) Divida los berros entre 2 platos de ensalada y coloque las rodajas de pomelo y el queso decorativamente encima.
b) En un tazón pequeño, mezcle las remolachas, 2 cucharaditas de aceite y vinagre y divida entre ensaladas.
c) Rocíe las ensaladas con el aceite restante y sazone con sal y pimienta.

53. Ensalada de papas

Rinde: 4 porciones

INGREDIENTES:
- 1 kg de patatas azules
- 200 g de remolacha
- Sal
- Pimienta
- 2 manojo de cebolletas
- 250 g de nata agria
- 5 cucharadas de vinagre de vino blanco
- 2 manojo de rábanos
- ¼ cama de berro
- ¼ de remolacha

INSTRUCCIONES:
a) Lavar bien las patatas y las remolachas y cocerlas en abundante agua con sal durante unos 15 minutos.
b) Lave las cebolletas, límpielas y córtelas en tiras finas.
c) Poner las cebolletas en agua helada para que se enrollen.
d) Mezcle la crema agria y el vinagre; sazone con sal y pimienta.
e) Escurra las patatas, retírelas, pélelas y córtelas en dados gruesos.
f) Enjuague las remolachas con agua fría, pélelas y córtelas en rodajas finas.
g) Lave bien los rábanos, límpielos y córtelos en cuartos.
h) Mezclar las patatas, la remolacha, las cebolletas y los rábanos con el aderezo.
i) Disponer en cuencos. Espolvorear con berro.

54. Ensalada de quinoa al azafrán y remolacha asada

Rinde: 6 porciones

INGREDIENTES:
- 6 cucharadas de aceite de oliva virgen extra
- 2 cucharadas de jugo de limón fresco
- 2 dientes de ajo pequeños; picado
- ½ cucharadita de sal gruesa
- ½ cucharadita de comino molido
- ¼ de cucharadita de hojuelas de pimiento rojo; hasta la mitad
- 4 remolachas pequeñas con verduras adjuntas; hasta 5
- 1 taza de quinua cruda
- 2 tazas de caldo de verduras
- ⅛ de cucharadita de Azafrán en hebras
- 5 cucharaditas de aceite de oliva
- 2 onzas de chalotes en rodajas finas; (½ taza)
- 3 medianos Diente de ajo; picado
- 1½ cucharadas de jugo de limón fresco
- ¼ de cucharadita de sal

INSTRUCCIONES:

a) Precaliente el horno a 400F.
b) En un tazón pequeño, mezcle todos los ingredientes.
c) Ajuste la sazón al gusto y reserve.
d) Lave las remolachas y corte las verduras, dejando alrededor de 1 pulgada adheridas. Reserva las hojas de remolacha. Envuelva cada remolacha individualmente en papel de aluminio y hornee hasta que estén tiernas cuando las perfore con un cuchillo delgado, de 45 minutos a 1 hora. Ponga a un lado para enfriar.
e) Cuando las remolachas estén lo suficientemente frías para manipularlas, pélelas y córtelas en rodajas finas. Coloque las remolachas en un tazón pequeño, agregue de 2 a 3 cucharadas de la marinada y revuelva suavemente.
f) Coloque la quinua en un colador de malla fina y enjuague con agua fría hasta que desaparezca la espuma. Transfiera la quinua a una cacerola pequeña, agregue el caldo y el azafrán y deje

hervir. Reduzca el fuego a bajo, cubra y cocine a fuego lento hasta que el caldo se absorba de 13 a 15 minutos.

g) Mientras tanto, en una sartén mediana, caliente 3 cucharaditas de aceite de oliva a fuego medio-alto. Agregue los chalotes y cocine hasta que estén crujientes, revolviendo con frecuencia durante unos 3 minutos.

h) Escurrir sobre toallas de papel y reservar.

i) Transfiera la mezcla de quinua cocida a un tazón mediano y mezcle con 3 a 4 cucharadas más de adobo. (El adobo restante se puede cubrir y refrigerar hasta por 3 días). Retire y deseche los tallos gruesos de las hojas de remolacha; picar las hojas en trozos grandes. En una sartén grande, caliente las 2 cucharaditas restantes de aceite a fuego medio. Agregue el ajo y cocine, revolviendo con frecuencia, durante 1 minuto. Agregue las hojas de remolacha y cocine hasta que se ablanden, de 1 a 2 minutos. Agregue el jugo de limón y la sal. Sazone con pimienta.

j) Para servir, divida las remolachas en rodajas entre los platos para servir y colóquelas alrededor del borde. Coloque ¼ de taza de la mezcla de quinua en el centro de las remolachas. Cubra con hojas de remolacha, decore con chalotes fritos y sirva.

55. Ensalada De Remolacha Asada Con Queso De Cabra Crujiente Y Nueces

Hace: 4

INGREDIENTES
2 libras de remolachas pequeñas (rojas, amarillas y/o Chioggia), cortadas, tallos y hojas reservados
Aceite de oliva virgen extra
Sal kosher
½ taza de chalotes picados (alrededor de 2 chalotes medianos)
7 cucharadas de vinagre de vino tinto
Pimienta negra recién molida
8 onzas de queso de cabra fresco y suave
3 cucharadas de cebollín fresco en rodajas finas
½ taza de harina para todo uso
2 huevos grandes
1 taza de pan rallado panko
Aceite de semilla de uva u otro aceite vegetal
1 taza de perejil fresco de hoja plana, picado en trozos grandes
½ taza de nueces tostadas, picadas en trozos grandes

1. Asar las remolachas. Precaliente el horno a 450°F. Coloque las remolachas en una sola capa en una fuente para hornear de 9 por 13 pulgadas. Agregue suficiente agua para llegar a la mitad de los lados de las remolachas. Rocíe con aceite de oliva y sazone generosamente con sal. Cubra la fuente para hornear con papel de aluminio y selle herméticamente. Ase las remolachas durante 1 hora a 1 hora y 15 minutos, o hasta que estén tiernas al pincharlas con un tenedor.
2. Haz la marinada. Mientras se asan las remolachas, en un tazón mediano, combine ¼ de taza de chalotes, 6 cucharadas de vinagre de vino tinto y ½ cucharadita de sal.
3. Pelar y marinar las remolachas. Cuando las remolachas estén lo suficientemente frías para manipularlas, pero todavía calientes, use una toalla de papel para frotar suavemente la piel. Reduzca a la mitad o en cuartos las remolachas y transfiéralas a un tazón grande. Sazone con sal y pimienta al gusto. Vierta la marinada

sobre las remolachas; revuelva para cubrir. Deje reposar durante 30 minutos para marinar.

4. Cocine los tallos y las hojas de remolacha. Corta los tallos de remolacha en trozos de 2 pulgadas. Enrolle las hojas en un tronco apretado y córtelas en ángulo en tiras largas de 1 pulgada de ancho. En una sartén, caliente 1 cucharada de aceite de oliva a fuego medio hasta que esté caliente. Agregue los tallos y sazone con sal. Cocine, revolviendo ocasionalmente, durante 3 a 5 minutos, hasta que estén ligeramente tiernos. Agregue las hojas de remolacha y sazone con sal y pimienta. Cocine, revolviendo ocasionalmente, de 2 a 4 minutos, hasta que se ablande. Agregue la 1 cucharada restante de vinagre de vino tinto. Retire del fuego.

5. Formar las ruedas de queso de cabra. Retire el queso de cabra del refrigerador y déjelo reposar a temperatura ambiente durante unos 10 minutos, hasta que se ablande un poco. En un tazón, combine las cebolletas, el ¼ de taza de chalotes restantes y el queso de cabra. Sazone con 1 cucharadita de sal y ½ cucharadita de pimienta. Mezcle hasta que esté bien combinado. Use sus manos para formar cuatro bolas iguales, luego aplánelas con cuidado en una ronda de ¼ de pulgada de grosor. Transfiere las rondas a un plato.

6. Empanizar el queso de cabra. Extienda la harina en un plato hondo y sazone con sal y pimienta. Casca los huevos en un tazón poco profundo y bátelos hasta que estén combinados. Extienda las migas de pan en otro plato poco profundo. Trabajando con uno a la vez, cubra bien las rondas de queso de cabra en la harina; toque cualquier exceso. Rebozar por ambos lados en los huevos, dejando escurrir el exceso, luego en el pan rallado; presione para asegurarse de que las migas de pan se adhieran. Transfiera las rondas a un plato y cubra con una envoltura de plástico; enfríe en el refrigerador hasta justo antes de freír.

7. Cruje el queso de cabra. Justo antes de servir, retire las rondas de queso de cabra del refrigerador. Cubra un plato con toallas de papel. En una sartén de hierro fundido o una sartén para saltear, caliente una capa delgada de aceite de semilla de uva a fuego

medio-alto hasta que esté caliente. El aceite está lo suficientemente caliente cuando unas pocas migas de pan chisporrotean inmediatamente cuando se agregan a la sartén. Añadir las rodajas de queso de cabra. Cocine de 2 a 4 minutos por lado, hasta que estén doradas y crujientes. Transfiera al plato y sazone con sal y pimienta.

8. Terminar y servir la ensalada. Agregue el perejil y las nueces a las remolachas asadas; revuelva para combinar completamente. Divida las hojas de remolacha (hojas), los tallos y las remolachas asadas entre los platos para servir. Cubra cada uno con una ronda de queso de cabra y sirva.

56. Verduras de raíz asadas con comino

Marcas: 2

INGREDIENTES:
- 2 remolachas rojas
- 1/4 taza de maní
- 1 cucharadita de comino molido
- 3 zanahorias
- 1/2 taza de quinua blanca
- 3 chirivías
- 2 cucharadas de semillas de sésamo blanco
- 1 lima
- 1/2 cucharadita de pimentón ahumado
- 1 chalota
- 1 aguacate
- 1 jalapeño
- 4 cucharadas de caldo de verduras, divididas
- Sal y pimienta para probar

INSTRUCCIONES:
a) Precaliente el horno a 425 °F.
b) Pele y corte las zanahorias y las chirivías en trozos de 1 pulgada. Picar los cacahuetes en trozos grandes.
c) La lima debe ser rallada, cortada a la mitad y exprimida.
d) Pelar y trocear 2 cucharadas de chalota.
e) Picar 2 cucharadas de Jalapeño.
f) Pela las remolachas y córtalas en gajos de ½ pulgada de grosor.
g) Agregue comino, zanahorias en rodajas, chirivías en rodajas, 1 cucharada de caldo de verduras y una pizca de sal a un lado de una bandeja para hornear y revuelva.
h) Agregue las remolachas en cuña, 1 cucharada de caldo de verduras y una pizca de sal al otro lado de la bandeja para hornear y revuelva.
i) Ase los tubérculos durante 25 a 28 minutos o hasta que estén tiernos.

j) Combine la quinua, 1 taza de agua y una pizca de sal en una cacerola mediana a fuego alto.
k) Hierva y cocine durante al menos 12 a 15 minutos, o hasta que las espirales revienten y el agua se absorba.
l) En un tazón pequeño, combine la ralladura de lima, la mitad del jugo de lima, la chalota picada y el jalapeño picado.
m) En una sartén pequeña, tueste los cacahuetes picados y las semillas de sésamo a fuego medio hasta que estén dorados durante 2 a 3 minutos.
n) Mezcle los cacahuates tostados y las semillas de sésamo con la chalota y el jalapeño en un tazón pequeño.
o) Agregue 1 cucharada de caldo de verduras, 1 cucharadita de pimentón y una pizca de sal.
p) Combine la salsa de sésamo y maní con un tenedor. Cortar el aguacate por la mitad.
q) Saque la pulpa del aguacate en un tazón pequeño y sazone con sal y el jugo de limón restante al gusto. Usando un tenedor, triture hasta que quede suave.
r) Divide la quinoa entre los platos.
s) Servir con aguacate triturado en cada plato.
t) Sirva con vegetales asados con comino y una llovizna de salsa de maní y sésamo encima.

57. Ensalada de col rizada, lentejas y remolacha asada

Hace: 3

INGREDIENTES:
- 1 remolacha mediana, enjuagada, limpia, seca y cortada en cuartos
- 1/2 taza de lentejas verdes, enjuagadas y limpias
- 3 puerros medianos, cortados, rebanados, picados
- 1 taza de caldo de verduras
- 4 puñados grandes de col rizada, espinacas tiernas
- 1/4 cucharadita de sal y pimienta
- 2 cucharadas de caldo de verduras
- Dressing tahini
- 1/4 taza de tahini
- 4 cucharadas de caldo de verduras
- 1/2 limón mediano, en jugo
- 2 cucharadas de jarabe de arce
- 1 pizca cada sal y pimienta

INSTRUCCIONES:

a) Comience a precalentar el horno a 400 °F y cepille la bandeja para hornear ligeramente con el caldo de verduras.

b) Agregue las lentejas y el caldo de verduras (o agua) a una cacerola pequeña y cocine a fuego lento rápidamente a fuego medio-alto.

c) Reduzca el fuego y cocine a fuego lento durante 20-30 minutos hasta que se absorba todo el líquido. Dejar de lado.

d) Agregue puerros y remolachas picadas a la bandeja para hornear, rocíe con caldo de verduras y sazone con sal y pimienta. Mezcle para cubrir.

e) Hornee durante al menos 15-20 minutos hasta que esté fragante y ligeramente dorado, luego reserve.

f) Mientras se cocinan las verduras y las lentejas, prepare el aderezo agregando todos los ingredientes a un tazón, luego mezcle para combinar. Pruebe y ajuste los condimentos.

g) Agregue la col rizada a un recipiente para mezclar separado con una pizca de caldo de verduras y jugo de limón y masajee con las manos para suavizar. Para los greens, omita este paso.

h) Agregue remolachas, verduras, puerros y lentejas a un tazón grande para mezclar, agregue el aderezo y revuelva para cubrir. ¡Servir y disfrutar!

58. Ensalada De Remolacha Con Yogur Especiado Y Berros

Hace: 4 A 6

INGREDIENTES:

- 2 libras de remolachas, cortadas, peladas y cortadas en trozos de ¾ de pulgada
- 1⅛ cucharaditas de sal de mesa, cantidad dividida
- 1¼ tazas de yogur griego natural
- ¼ taza de cilantro fresco picado, cantidad dividida
- 3 cucharadas de aceite de oliva virgen extra, dividido
- 2 cucharaditas de jengibre fresco rallado
- 1 cucharadita de ralladura de lima más 2 cucharadas de jugo, cantidad dividida
- 1 diente de ajo picado
- ½ cucharadita de comino molido
- ½ cucharadita de cilantro molido
- ¼ cucharadita de pimienta
- 5 onzas (5 tazas) de berros, cortados en trozos pequeños
- ¼ taza de pistachos sin cáscara, tostados y picados, cantidad dividida

INSTRUCCIONES:

a) Combine las remolachas, ⅓ taza de agua y ½ cucharadita de sal en un tazón grande. Cubra y cocine en el microondas hasta que las remolachas se puedan perforar fácilmente con un cuchillo para pelar, de 25 a 30 minutos, revolviendo a la mitad del microondas. Escurra las remolachas en un colador y déjelas enfriar.

b) Bate el yogur, 3 cucharadas de cilantro, 2 cucharadas de aceite, el jengibre, la ralladura de lima y 1 cucharada de jugo, el ajo, el comino, el cilantro, la pimienta y ½ cucharadita de sal en un tazón. Agregue lentamente hasta 3 cucharadas de agua hasta que la mezcla tenga la consistencia de un yogur normal. Sazone con sal y pimienta al gusto. Extienda la mezcla de yogur sobre una fuente para servir.

c) Mezcle los berros con 2 cucharadas de pistachos, 2 cucharaditas de aceite, 1 cucharadita de jugo de lima y una pizca de sal en un tazón grande. Coloque la mezcla de berros sobre la mezcla de yogur, dejando un borde de 1 pulgada de la mezcla de yogur. Mezcle las remolachas con 1 cucharadita de aceite restante, las 2 cucharaditas de jugo de lima restantes y la pizca de sal restante en un recipiente ahora vacío.

d) Coloque la mezcla de remolacha sobre la mezcla de berros. Espolvorea la ensalada con la cucharada restante de cilantro y las 2 cucharadas restantes de pistachos y sirve.

59. Ensalada De Remolacha Y Queso De Cabra

Ingredientes:

4 remolachas grandes, asadas y en rodajas
4 oz de queso de cabra, desmenuzado
1/4 taza de nueces picadas
1/4 taza de perejil fresco picado
2 cucharadas de vinagre balsámico
2 cucharadas de aceite de oliva
Sal y pimienta para probar

Instrucciones:

En un tazón grande, combine las remolachas asadas y rebanadas, el queso de cabra desmenuzado, las nueces picadas y el perejil fresco picado.
En un tazón pequeño separado, mezcle el vinagre balsámico y el aceite de oliva.
Rocíe el aderezo sobre la ensalada.
Sazone con sal y pimienta, al gusto.
Mezcle suavemente para combinar.
Servir a temperatura ambiente.

60. Ensalada De Remolacha Y Queso De Cabra

Ingredientes:
2 remolachas grandes, asadas y en rodajas
2 tazas de verduras mixtas
2 onzas de queso de cabra
1/4 taza de nueces picadas
2 cucharadas de vinagre balsámico
2 cucharadas de aceite de oliva
Sal y pimienta para probar

Instrucciones:
En un tazón, combine las remolachas asadas y en rodajas, las verduras mixtas, el queso de cabra desmenuzado y las nueces picadas.
En un tazón pequeño separado, mezcle el vinagre balsámico, el aceite de oliva, la sal y la pimienta.
Vierta el aderezo sobre la ensalada y revuelva hasta que esté bien combinado.
Servir inmediatamente.

61. Ensalada De Remolacha Y Naranja

Ingredientes:

4 remolachas medianas, asadas y en rodajas
2 naranjas, peladas y en rodajas
1/4 taza de queso de cabra desmoronado
1/4 taza de nueces picadas
1/4 taza de perejil fresco picado
2 cucharadas de aceite de oliva
2 cucharadas de vinagre balsámico
Sal y pimienta para probar
Instrucciones:

En un tazón grande, combine las remolachas asadas en rodajas, las naranjas en rodajas, el queso de cabra desmenuzado, las nueces picadas y el perejil fresco picado.

En un tazón pequeño separado, mezcle el aceite de oliva y el vinagre balsámico.

Rocíe el aderezo sobre la mezcla de remolacha y naranja y revuelva para combinar.

Sazone con sal y pimienta, al gusto.

Servir frío o a temperatura ambiente.

SOPA

62. Borsch de remolacha

Rinde: 2 porciones

INGREDIENTES:
- 1 lata de remolachas enteras
- 4 taza de agua
- 1 cebolla entera, pelada
- sal
- 2 cucharadas colmadas de azúcar
- ¼-½ cucharadita de sal agria

INSTRUCCIONES:
a) Cocine a fuego lento la cebolla en agua durante 10 minutos. Agregue remolacha rallada (desmenuzada) con jugo y todos los demás ingredientes.
b) Cocine a fuego lento durante 5 minutos. más.
c) Pruebe y ajuste los condimentos.
d) Servir caliente o frío.

63. Sopa de col y remolacha

Rinde: 8 porciones

INGREDIENTES:
- 1 repollo mediano; en rodajas o cuña
- 3 ajo; clavo picado
- Remolacha; racimo
- 3 zanahoria; pocos
- 1 Lg Cebolla
- 2 apio; tallos cortados en tercios
- 3 libras Hueso; huesos de carne/médula
- 2 limones
- 2 latas de tomates; no drenar

INSTRUCCIONES:
a) Ponga la carne y los huesos en una olla de caldo de 8 o 12 qt. Poner en latas de tomates, cubrir con agua y llevar a ebullición.
b) Mientras tanto, prepara tus verduras. Cortar remolachas y zanahorias, otras van enteras. Cuando el caldo hierva, retire la capa superior.
c) Agregue remolachas, zanahorias, ajo y otras verduras. Baje el fuego a fuego lento y mantenga la tapa torcida.
d) Después de aproximadamente una hora, agregue el ajo y el azúcar.

64. Sopa de remolacha y suero de leche

Rinde: 6 porciones

INGREDIENTES:
- 5 remolachas
- 3 tazas de suero de leche
- ¾ taza de cebollas verdes picadas
- ⅔ taza de crema agria ligera
- 2 cucharadas de eneldo o cilantro fresco picado
- 1½ cucharadita de azúcar granulada
- 1½ cucharadita de vinagre blanco
- ¼ de cucharadita de sal
- 1 taza de pepino; (picado sin pelar)
- Ramitas de eneldo o cilantro fresco

INSTRUCCIONES:
a) En una cacerola con agua hirviendo con sal, cubra y cocine las remolachas hasta que estén tiernas y la piel se desprenda fácilmente durante unos 25 minutos. Escurrir y dejar enfriar; Retire la piel y córtela en dados de 5 mm (¼ de pulgada). Cubrir y refrigerar hasta que se enfríe.
b) En un tazón grande, mezcle el suero de leche, ½ taza (125 ml) de cebolla, crema agria, eneldo, azúcar, vinagre y sal. Cubra y refrigere hasta que se enfríe o hasta por 6 horas. Pruebe y ajuste la sazón.
c) Sirva la mezcla de suero de leche en tazones para servir. Remolino en la remolacha y el pepino.
d) Adorne con las cebollas verdes restantes y las ramitas de eneldo o cilantro.

65. curry de remolacha

Rinde: 4 porciones

INGREDIENTES:
- 3 cucharadas de ghee
- 1 pizca de semillas de comino
- 1 cada hoja de laurel
- 2½ cucharadas de cebolla en rodajas
- ¼ de cucharadita de Cayena
- ¼ de cucharadita de garam masala
- 1 patata mediana, cortada en cubitos
- ½ taza de guisantes verdes
- 15 onzas de remolachas, cocidas y cortadas en cubitos
- ½ cucharadita de sal

INSTRUCCIONES:
a) Caliente el ghee y fría las semillas de comino, la hoja de laurel, la cebolla especiada, la cayena y el garam masala durante 1 minuto.
b) Agregue la papa, los guisantes y la remolacha y cocine a fuego lento durante 2 minutos. Añadir sal y un poco de agua.
c) Cocine a fuego lento hasta que la patata esté tierna.
d) Servir sobre arroz.

66. crema de remolacha

Rinde: 6 porciones

INGREDIENTES:

- 1 libra de remolachas, peladas y picadas en trozos grandes (alrededor de 3 medianas)
- 1 cebolla grande, picada en trozos grandes
- 1 ramita de mejorana fresca O
- 1 cucharadita de tomillo fresco seco picado
- 3 cucharadas de mantequilla sin sal
- 1 litro de caldo de pollo o vegetales
- ½ taza de crema espesa
- 2 cucharadas de buen vinagre de vino tinto
- Sal
- Pimienta
- ½ taza de crema espesa, ligeramente batida
- pequeños picatostes
- ¼ taza de hierbas frescas picadas, como eneldo o mejorana

INSTRUCCIONES:

a) Cocine la remolacha, la cebolla y la mejorana en mantequilla en una olla de 4 cuartos a fuego medio hasta que la cebolla comience a ablandarse un poco, aproximadamente 10 minutos. Agregue el caldo, cubra parcialmente la olla y cocine a fuego lento durante unos 30 minutos, hasta que las remolachas estén completamente blandas.

b) Compruébelos tratando de aplastar uno contra el costado de la olla con una cuchara de madera. Cocine a fuego lento más tiempo si es necesario.

c) Haga puré de sopa en una licuadora o procesador de alimentos. Si quieres que la sopa tenga una textura más suave, pásala por un colador de malla mediana. Agregue crema o vinagre y vuelva a hervir la sopa. Condimentar con sal y pimienta.

d) Para servir, sirva con un cucharón en tazones y decore con crema batida, crutones y hierbas, o sirva las guarniciones por separado y deje que los comensales se sirvan ellos mismos.

67. Sopa de espinacas y remolacha

Rinde: 8 porciones

INGREDIENTES:

- ½ taza de garbanzos
- 2 tazas de espinacas; Cortado
- 1 taza de frijoles rojos
- 1 taza de eneldo fresco -o-
- ¼ taza de eneldo seco
- 1 taza de lentejas
- 4 remolachas; pelado y en cubos pequeños
- 1 cebolla grande; picado (hasta)
- 2 cucharadas de Harina (hasta)
- 2 huesos para sopa; opcional
- Cebollas fritas y hojas de menta seca (para decorar)
- Sal y pimienta al gusto
- Aceite para freír (hasta)
- 8 tazas de agua

INSTRUCCIONES:

a) Remoje los garbanzos y los frijoles durante 2 horas o toda la noche. Cocine las lentejas en l-2 tazas de agua hasta que estén blandas pero no blandas y reserve.

b) Dorar los huesos y las cebollas en aceite en una olla grande. Sazone al gusto y agregue agua, garbanzos, frijoles y remolacha. Cocine hasta que los garbanzos estén suaves.

c) Retire los huesos y agregue las espinacas, el eneldo y las lentejas. Revuelva ocasionalmente. Mientras tanto, dore la harina en un poco de aceite y agréguela a la sopa para espesarla.

d) Ponga la sopa a fuego lento y revuelva con frecuencia hasta que esté lista. Servir en un bol y decorar con cebolla frita o con hojas de menta secas añadidas al aceite caliente.

68. Sopa de remolacha

Rinde: 2 porciones

INGREDIENTES:
- 1 remolacha grande
- 1 taza de agua
- 2 pizcas de comino en polvo
- 2 pizca de pimienta
- 1 pizca de canela
- 4 pizca de sal
- exprimido de limon
- ½ cucharada de manteca

INSTRUCCIONES:
a) Hervir la remolacha y luego pelar.
b) Mezcle con el agua y filtre si lo desea.
c) Hervir la mezcla, luego agregar los ingredientes restantes y servir.

69. Curry de remolacha y garbanzos

Ingredientes:
2 remolachas grandes, peladas y cortadas en cubitos
1 lata de garbanzos, escurridos y enjuagados
1 cebolla, picada
2 dientes de ajo, picados
1 cucharada de jengibre rallado
1 cucharadita de comino
1 cucharadita de cilantro
1 cucharadita de cúrcuma
1 cucharadita de pimentón ahumado
1 lata de leche de coco
1/2 taza de caldo de verduras
2 cucharadas de aceite de oliva
Sal y pimienta para probar

Instrucciones:
En una olla grande, caliente el aceite de oliva a fuego medio.

Agregue la cebolla picada, el ajo picado y el jengibre rallado y saltee hasta que estén suaves y transparentes.

Agregue las remolachas cortadas en cubitos y revuelva hasta que estén cubiertas de aceite.

Agregue el comino, el cilantro, la cúrcuma y el pimentón ahumado y revuelva hasta que se combinen.

Agregue los garbanzos, la leche de coco y el caldo de verduras y revuelva hasta que se mezclen.

Lleve la mezcla a fuego lento y cocine hasta que las remolachas estén tiernas y la salsa se haya espesado, aproximadamente 30-40 minutos.

Sazone con sal y pimienta, al gusto.

Servir con arroz o pan naan.

70. Guiso de remolacha y ternera

Ingredientes:

2 libras de carne de estofado de res
2 remolachas grandes, peladas y cortadas en cubitos
2 zanahorias, peladas y cortadas en cubitos
1 cebolla, picada
2 dientes de ajo, picados
1 taza de caldo de res
1 taza de vino tinto
2 cucharadas de aceite de oliva
2 cucharadas de harina
1 cucharada de pasta de tomate
1 hoja de laurel
1 cucharadita de tomillo seco
Sal y pimienta para probar
Instrucciones:

En una olla grande, caliente el aceite de oliva a fuego medio-alto.
Sazone la carne de estofado de ternera con sal y pimienta y pásela por harina.
Agregue la carne de estofado de res a la olla y dore por todos lados.
Retire la carne de estofado de res de la olla y reserve.
Agregue la cebolla picada y el ajo picado a la olla y saltee hasta que estén suaves y translúcidos.
Agregue las remolachas cortadas en cubitos y las zanahorias cortadas en cubitos a la olla y revuelva hasta que se combinen.
Agregue la pasta de tomate, la hoja de laurel y el tomillo seco y revuelva hasta que se combinen.
Agregue el caldo de res y el vino tinto y revuelva hasta que se mezclen.
Regrese la carne de estofado de res a la olla y lleve la mezcla a fuego lento.
Cubra la olla con una tapa y reduzca el fuego a bajo.

71. Sopa De Remolacha Asada

Ingredientes:

4 remolachas medianas, asadas
1 cebolla, picada
2 dientes de ajo, picados
4 tazas de caldo de verduras
1/2 taza de crema espesa
2 cucharadas de aceite de oliva
Sal y pimienta para probar
Instrucciones:

Precaliente el horno a 400°F.

Envuelva cada remolacha individualmente en papel de aluminio y tueste durante 45-60 minutos, o hasta que estén tiernos.

Una vez que las remolachas se hayan enfriado, pélelas y córtelas en trozos pequeños.

En una olla grande, caliente el aceite de oliva a fuego medio.

Agregue la cebolla picada y el ajo picado y saltee hasta que estén suaves y transparentes.

Agregue las remolachas asadas picadas y el caldo de verduras a la olla y cocine a fuego lento.

Cocine a fuego lento durante 10-15 minutos, o hasta que las remolachas estén muy tiernas.

Haga puré la sopa en una licuadora o con una licuadora de inmersión.

Agregue la crema espesa y sazone con sal y pimienta al gusto.

Servir caliente.

72. Sopa cremosa de remolacha

Ingredientes:

4 remolachas medianas, asadas y cortadas en cubitos
1 cebolla, picada
2 dientes de ajo, picados
4 tazas de caldo de verduras
1 taza de crema espesa
2 cucharadas de aceite de oliva
Sal y pimienta para probar
Instrucciones:

En una olla grande, caliente el aceite de oliva a fuego medio.

Agregue la cebolla picada y el ajo picado y saltee hasta que estén suaves y transparentes.

Agregue las remolachas asadas en cubitos y el caldo de verduras a la olla y cocine a fuego lento.

Cocine a fuego lento durante 10-15 minutos, o hasta que las remolachas estén muy tiernas.

Haga puré la sopa en una licuadora o con una licuadora de inmersión.

Agregue la crema espesa y sazone con sal y pimienta al gusto.

Servir caliente.

73. Sopa De Remolacha Picante

Ingredientes:

4 remolachas medianas, peladas y cortadas en cubitos
1 cebolla, picada
2 dientes de ajo, picados
4 tazas de caldo de verduras
1 cucharadita de comino molido
1 cucharadita de pimentón ahumado
1/2 cucharadita de pimienta de cayena
1/2 taza de crema agria
2 cucharadas de aceite de oliva
Sal y pimienta para probar

Instrucciones:
En una olla grande, caliente el aceite de oliva a fuego medio.
Agregue la cebolla picada y el ajo picado y saltee hasta que estén suaves y transparentes.
Agregue las remolachas cortadas en cubitos, el caldo de verduras, el comino molido, el pimentón ahumado y la pimienta de cayena a la olla y cocine a fuego lento.
4. Cocine a fuego lento durante 30-45 minutos, o hasta que las remolachas estén muy tiernas.

Haga puré la sopa en una licuadora o con una licuadora de inmersión.

Agregue la crema agria y sazone con sal y pimienta al gusto.

Servir caliente.

74. Sopa De Remolacha Y Zanahoria

Ingredientes:

2 remolachas medianas, peladas y cortadas en cubitos
2 zanahorias medianas, peladas y cortadas en cubitos
1 cebolla, picada
2 dientes de ajo, picados
4 tazas de caldo de verduras
2 cucharadas de aceite de oliva
Sal y pimienta para probar
Instrucciones:

En una olla grande, caliente el aceite de oliva a fuego medio.
Agregue la cebolla picada y el ajo picado y saltee hasta que estén suaves y transparentes.
Agregue las remolachas cortadas en cubitos, las zanahorias cortadas en cubitos y el caldo de verduras a la olla y cocine a fuego lento.
Cocine a fuego lento durante 30-45 minutos, o hasta que las remolachas y las zanahorias estén muy tiernas.
Haga puré la sopa en una licuadora o con una licuadora de inmersión.
Sazone con sal y pimienta al gusto.
Servir caliente.

LADOS

75. Remolacha con Semillas de Mostaza y Coco

Hace: 3 tazas

INGREDIENTES:
- 1 cucharada de aceite
- 1 cucharadita de semillas de mostaza negra
- 1 cebolla amarilla o roja, pelada y cortada en cubitos
- 2 cucharaditas de comino molido
- 2 cucharaditas de cilantro molido
- 1 cucharadita de masala del sur de la India
- 1 cucharada de coco rallado sin azúcar
- 5 remolachas, peladas y cortadas en cubitos
- 1 cucharadita de sal marina gruesa
- 1½ tazas de agua

INSTRUCCIONES:
a) Caliente el aceite en una sartén pesada a fuego medio.
b) Agregue las semillas de mostaza y cocine por 30 segundos, o hasta que chisporroteen.
c) Agregue la cebolla y cocine por 1 minuto, o hasta que comience a dorarse.
d) Agregue el comino, el cilantro, la masala del sur de la India y el coco.
e) Cocine por 1 minuto después de agregar las remolachas.
f) Añade la sal y el agua.
g) Llevar a ebullición, luego reducir a fuego lento, tapar y dejar cocer a fuego lento durante 15 minutos.

76. Verduras de raíz asadas

Hace: 6 a 8 porciones

INGREDIENTES:
- 3 libras de remolachas cortadas en cubitos
- 1 cebolla roja pequeña
- ¼ taza de aceite de coco
- 1 ½ cucharadita de sal kosher
- ¼ de cucharadita de pimienta negra recién molida
- 2 cucharadas de hojas de romero, picadas

INSTRUCCIONES:
a) Coloque una rejilla en el medio del horno y caliente el horno a 425 °F.
b) Coloque los tubérculos y la cebolla roja en una bandeja para hornear con borde. Rocíe con ¼ de taza de aceite de coco, espolvoree con sal kosher y pimienta negra y revuelva para cubrir uniformemente. Extender en una capa uniforme.
c) Asar durante 30 minutos.
d) Retire la bandeja para hornear del horno, espolvoree las verduras con el romero y revuelva para combinar. Vuelva a extender en una capa uniforme.
e) Continúe asando hasta que las verduras estén tiernas y caramelizadas, de 10 a 15 minutos más.

77. Remolacha en gran Marnier

Rinde: 6 porciones

INGREDIENTES:
- 6 remolachas, lavadas y recortadas
- 2 cucharadas de mantequilla dulce
- 3 cucharadas de Gran Marnier
- 1 cucharadita de cáscara de naranja rallada

INSTRUCCIONES:

a) En una vaporera colocada sobre agua hirviendo, cocine al vapor las remolachas, tapadas, durante 25 a 35 minutos, o hasta que estén tiernas.

b) Refresque las remolachas con agua fría, quíteles la piel y córtelas en gajos de ⅜ de pulgada.

c) En una sartén grande, cocine las remolachas en la mantequilla a fuego moderado, revolviendo durante 3 minutos.

d) Agregue el Grand Marnier, la cáscara de naranja y sal al gusto; cocine a fuego lento la mezcla, tapada, durante 3 minutos.

78. Remolacha en crema agria

Rinde: 4 porciones

INGREDIENTES:
- 16 onzas de remolachas, escurridas y cortadas en cubitos
- 1 cucharada de vinagre de sidra
- ¼ de cucharadita de sal de ajo y pimienta
- ¼ taza de crema agria
- 1 cucharadita de azúcar

INSTRUCCIONES:

a) Combine todos los ingredientes en una cacerola de vidrio de 1 qt. Revuelva suavemente para mezclar.

b) Cocine en el microondas, tapado, de 3 a 5 minutos a temperatura alta o hasta que se caliente por completo. Revuelva cada 2 minutos.

c) Deje reposar, tapado, durante 2-3 minutos antes de servir.

79. Remolacha arándano

Rinde: 6 porciones

INGREDIENTES:
- 1 lata (16 oz.) de betabel cortado en cubitos, escurrido
- 1 lata (16 oz.) de bayas enteras o salsa de arándanos en gelatina
- 2 cucharadas de jugo de naranja
- 1 cucharadita de cáscara de naranja rallada
- 1 pizca de sal

INSTRUCCIONES:

a) Combine todos los ingredientes en una cacerola; caliente bien, revolviendo ocasionalmente.

b) Servir de una vez. Delicioso con pavo o jamón.

80. Remolacha melosa

Rinde: 7 porciones

INGREDIENTES:
- 6 tazas de agua
- 1 cucharada de vinagre
- 1 cucharadita de sal
- 5 remolachas medianas
- 1 cebolla mediana, picada
- 2 cucharadas de margarina
- 2 cucharadas de miel
- 1 cucharada de jugo de limón
- ½ cucharadita de sal
- ⅛ de cucharadita de canela molida
- 1 cucharada de perejil, cortado

INSTRUCCIONES:
a) Caliente el agua, el vinagre y 1 cucharadita de sal hasta que hierva. Agregue remolachas. Cocine a fuego lento hasta que estén tiernos, de 35 a 45 minutos; drenar. Deje correr agua fría sobre las remolachas; Retire las pieles y elimine los extremos de las raíces. Cortar las remolachas en pedazos de cordón.
b) Cocine y revuelva la cebolla en la margarina en una sartén de 10" a fuego medio hasta que la cebolla esté tierna durante unos 5 minutos. Agregue la remolacha, la miel, el jugo de limón, ½ cucharadita de sal y la canela.
c) Caliente revolviendo ocasionalmente, hasta que las remolachas estén calientes, aproximadamente 5 minutos.
d) Espolvorear con perejil.

81. Gajos De Remolacha Asada

Hace: 4

INGREDIENTES:
- 1 libra de remolachas frescas medianas, peladas
- 1/2 cucharadita de sal kosher
- 8 cucharaditas de caldo de verduras
- 5 ramitas de romero fresco

INSTRUCCIONES:
a) Precaliente el horno a 400 °F.
b) Corte cada remolacha en gajos dependiendo de cuántas porciones desee. Mezcle el caldo de verduras y la sal para cubrir.
c) En una bandeja para hornear, coloque un trozo de papel aluminio resistente de 12 pulgadas de largo.
d) Coloque las remolachas en el papel de aluminio y espolvoree con romero. Envuelva las remolachas en papel de aluminio y selle herméticamente.
e) Hornea durante al menos 1 hora o hasta que las papas estén tiernas.
f) Permita que el vapor escape abriendo con cuidado el papel de aluminio. Retire las ramitas de romero. ¡Servir y disfrutar!

SALSAS Y CONDIMENTOS

82. Mermelada De Remolacha

Rinde: 2 frascos

INGREDIENTES:
- 4 remolachas rojas, asadas y peladas
- 1 ½ tazas de azúcar
- 1 limón
- 2 cucharadas de jengibre, picado

INSTRUCCIONES:
a) En primer lugar, recorte los tallos y elimine el extremo delgado de la raíz.
b) Envuelva la remolacha con papel de aluminio y colóquela en la bandeja para hornear. Colóquelo en el horno y cocine durante 45 minutos a 1 minuto. Deja que se enfríe y luego pélalo.
c) Agregue la remolacha al procesador de alimentos y pulse hasta que esté picada.
d) Transfiere las remolachas a la cacerola. Luego, agregue azúcar y revuelva bien.
e) Corta el limón en trozos grandes y agrégalo al procesador de alimentos con jengibre picado. Mezclar hasta que esté suave.
f) Colóquelo en la cacerola y cocine a fuego medio-bajo.
g) Coloque la mermelada caliente en los frascos calientes y esterilizados, dejando *espacio de cabeza de ¼ de pulgada*.
h) Agregue agua en la envasadora al baño maría y deje hervir.
i) Coloque los frascos en la envasadora al baño maría y hierva.
j) Cubra la envasadora al baño maría y procese durante 15 minutos.
k) Retire los frascos de la envasadora al baño maría y enfríelos.

83. Salsa de remolacha

Rinde: 2 frascos

INGREDIENTES:
- Remolacha, 2 tazas
- naranjas, 2
- Vinagre de sidra de manzana, 500ml
- Azúcar moreno, 400g
- Cebollas, 3, picadas
- Manzanas, 3, peladas y picadas
- Ajo, 2 dientes, triturados
- sal, 1 cucharada
- clavos, 4
- hoja de laurel, 1
- canela, 1 rama
- Jengibre fresco, 1 cucharadita, rallado
- Chile, 2, picado

INSTRUCCIONES:
a) Agregue todos los ingredientes a la olla y cocine a fuego lento durante 1 hora.
b) Deseche la hoja de laurel y la rama de canela.
c) Cuando termine, transfiera la mezcla a los frascos, dejando un espacio superior de ¼ de pulgada.
d) Coloque los frascos en la envasadora al baño maría.
e) Procesar durante 5 minutos.
f) Guárdalo hasta por un mes en el refrigerador.

84. Las remolachas en escabeche

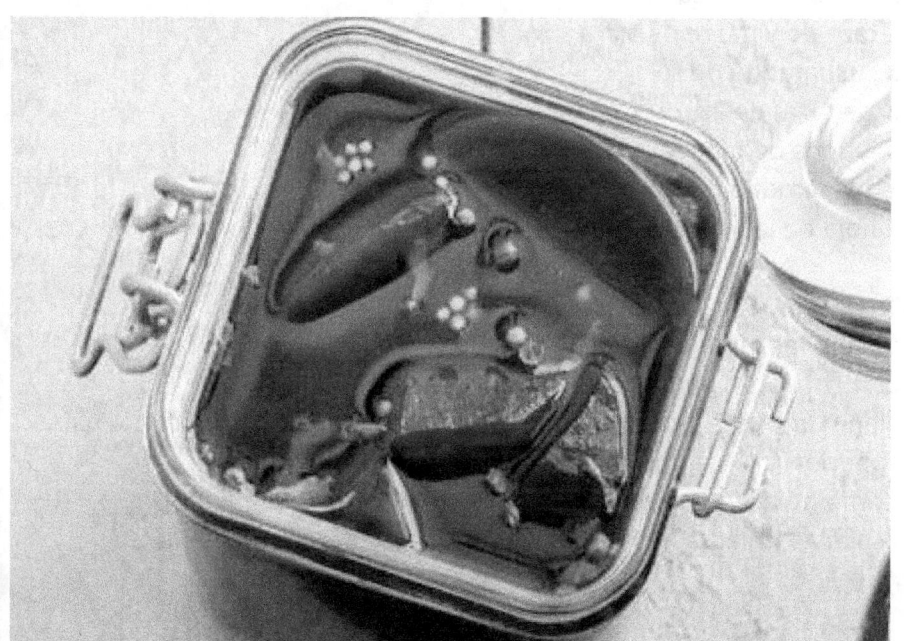

INGREDIENTES:
- 8 remolachas pequeñas
- 1 taza de vinagre de sidra
- 1 cucharadita de sal
- ¼ de taza) de azúcar
- 5 granos de pimienta
- 1 cucharadita de especias para encurtir
- 1 hoja de laurel, broca fresca

INSTRUCCIONES:
a) Cocine las remolachas algo firmes.
b) Escurrir reservando 1 taza de líquido.
c) Llene un frasco hasta aproximadamente ¼ de pulgada desde la parte superior
d) Combine el líquido de remolacha con el resto del líquido y las especias y hierva, llene el frasco y procese durante 10 minutos.

POSTRE

85. Ganache de remolacha y lima

Rinde: 1½ tazas

INGREDIENTES:
- 2 remolachas medianas, peladas y cortadas en trozos
- 1 lima
- leche si es necesario
- 4¼ onzas de chocolate blanco
- 2 cucharadas de mantequilla
- ¼ taza de glucosa
- ¼ taza de crema espesa fría
- ¾ cucharadita de sal kosher

INSTRUCCIONES:

a) Caliente el horno a 325°F.

b) Envuelva los trozos de remolacha en una hoja grande de papel de aluminio y colóquelos en una bandeja para hornear para manipularlos fácilmente. Ase durante 1 a 2 horas, o hasta que las remolachas estén blandas y tiernas; déles intervalos adicionales de 30 minutos en el horno si no lo son.

c) Mientras tanto, ralla la ralladura de la lima; reservar. Exprima 8 g (2 cucharaditas) de jugo de la lima y reserve.

d) Transfiera las remolachas a una licuadora y hágalas puré. (Si su licuadora le está causando problemas, agregue hasta 1 cucharada de leche para ayudar a que funcione). Pase el puré por un colador de malla fina; debe tener la textura del puré de calabaza de Libby (o comida para bebés). Mida 120 g (⅓ taza) de puré de remolacha. Dejar enfriar.

e) Combine el chocolate blanco y la mantequilla en un plato apto para microondas y derrítalos suavemente en el microondas en ráfagas de 15 segundos, revolviendo entre ráfagas. El resultado debe ser apenas tibio al tacto y homogéneo.

f) Transfiera la mezcla de chocolate a un recipiente que pueda acomodar una licuadora de inmersión, algo alto y angosto, como un recipiente de plástico para fiambres de 1 cuarto. Caliente la glucosa en el microondas durante 15 segundos, luego agréguela inmediatamente a la mezcla de chocolate y mezcle con la batidora de mano. Después de un minuto, agregue la crema espesa, con la batidora de mano en funcionamiento; la mezcla se unirá en algo sedoso, brillante y suave.

g) Mezcle el puré de remolacha, la ralladura de lima y la sal. Metemos la ganache en la nevera durante 30 minutos para que se endurezca.

h) Usa una espátula para incorporar el jugo de lima al ganache (no lo hagas hasta que el ganache esté firme o lo romperás). Vuelva a colocar el ganache en el refrigerador durante al menos 3 horas o, idealmente, durante la noche. Almacenado en un recipiente hermético, se mantendrá en el refrigerador durante 1 semana. Servir frío.

86. Pastel de remolacha

Rinde: 10 porciones

INGREDIENTES:
- 1 taza de aceite Crisco
- ½ taza de mantequilla, derretida
- 3 huevos
- 2 taza de azúcar
- 2½ taza de harina
- 2 cucharaditas de canela
- 2 cucharaditas de bicarbonato de sodio
- 1 cucharadita de sal
- 2 cucharaditas de vainilla
- 1 taza de remolacha Harvard
- ½ taza de queso cottage cremoso
- 1 taza de piña triturada, escurrida
- 1 taza de nueces picadas
- ½ taza de coco

INSTRUCCIONES:
a) Mezcle el aceite, la mantequilla, los huevos y el azúcar.
b) Agregue la harina, la canela, la soda y la sal.
c) Incorpore la vainilla, la remolacha, el requesón, la piña, las nueces y el coco.
d) Vierta en un molde de 9x13 pulgadas.
e) Hornee a 350 durante 40-45 minutos. Servir con crema batida.

87. Remolacha gratinada

Rinde: 4 porciones

INGREDIENTES:
- 4 tazas de remolachas en rodajas (tanto rojas como amarillas), en rodajas de ½ pulgada de grosor
- 1 taza de cebollas en rodajas finas
- 2 tazas de pan molido sazonado
- 3 cucharadas de mantequilla
- Aceite de oliva, para rociar
- Queso parmesano, para espolvorear
- Sazón criollo, para Espolvorear
- sal y pimienta blanca

INSTRUCCIONES:

a) Precaliente el horno a 375 grados F. En un gratinado con mantequilla o en una fuente para horno pesada, coloque en capas las remolachas, las cebollas y la mitad de las migas de pan, salpique cada capa con mantequilla y sazone cada capa con aceite de oliva, queso parmesano, condimento criollo y sal y pimienta. probar.

b) Terminar con una capa de pan rallado encima. Hornee, tapado, durante 45 minutos. Destape y continúe horneando durante 15 minutos más, o hasta que la parte superior esté dorada y burbujeante. Servir directamente del plato.

88. Soufflé de remolacha verde

Rinde: 1 suflé

INGREDIENTES:
- 3 cucharadas de queso parmesano; rallado
- 2 remolachas medianas; cocido y pelado
- 2 cucharadas de mantequilla
- 2 cucharadas de harina
- ¾ taza de caldo de pollo; caliente
- 1 taza de hojas de remolacha; salteado
- ½ taza de queso cheddar; rallado
- 3 yemas de huevo
- 4 claras de huevo

INSTRUCCIONES:
a) Mantequilla 1 qt. plato de soufflé; espolvorear con queso parmesano. Rebane las remolachas cocidas y cubra el fondo del plato de suflé con ellas.
b) En una cacerola pequeña, derrita la mantequilla, agregue la harina, agregue el caldo caliente y continúe cocinando hasta que espese un poco, luego transfiera a un tazón más grande. Picar las hojas de remolacha en trozos grandes y agregar a la salsa junto con el queso Cheddar.
c) En un recipiente aparte, bata las yemas de huevo; licúalos con la mezcla de remolacha verde. Batir las claras de huevo hasta que formen picos. Dobla en un tazón con otros ingredientes; mezclar bien Transfiera todo a un plato de soufflé con mantequilla. Espolvorear con queso parmesano.
d) Hornee a 350 F. por 30 minutos, o hasta que el soufflé esté hinchado y dorado.

89. Crema de remolacha

Rinde: 1 porción

INGREDIENTES:
- 3 remolachas medianas; cocinado en su piel
- 2½ tazas de caldo de pollo
- 2 paquetes de gelatina sin sabor
- 1 taza de yogur sin sabor
- 2 cucharadas de jugo de limón o lima
- 1 cebolla pequeña rallada
- 1 cucharada de azúcar
- 1 cucharada de mostaza
- Sal y pimienta; probar

INSTRUCCIONES:
a) Remolacha pelada y cocida en cubos.
b) Coloque la gelatina en un recipiente con 6 T de agua y revuelva. Deje reposar durante 2 minutos y vierta el caldo de pollo caliente revolviendo.
c) Procesar juntos todos los ingredientes excepto la gelatina. Condimento correcto.
d) Agregue gelatina enfriada y procese solo para mezclar.
e) Verter en un molde engrasado a punto 6. Desmoldar y servir en el centro del plato rodeado de ensalada de pollo al curry o ensalada de camarones

90. Pan de remolacha

Hace: 1 porción

INGREDIENTES:
- ¾ taza de manteca
- 1 taza de azúcar
- 4 huevos
- 2 cucharaditas de vainilla
- 2 tazas de betabel rallado
- 3 tazas de harina
- 2 cucharaditas de polvo de hornear
- 1 cucharadita de bicarbonato de sodio
- ½ cucharadita de canela
- ¼ de cucharadita de nuez moscada molida
- 1 taza de nueces picadas

INSTRUCCIONES:
a) Batir la manteca y el azúcar hasta que estén suaves y esponjosos. Mezcle los huevos y la vainilla. Agregue las remolachas.
b) Agrega los ingredientes secos combinados; mezclar bien. Agrega las nueces.
c) Vierta en un molde para pan de 9x5 "engrasado y enharinado.
d) Hornee a 350'F. durante 60-70 minutos o hasta que el palillo de madera insertado en el centro salga limpio.
e) Enfriar por 10 minutos; retirar de la sartén.

91. Tarta De Remolacha Asada Y Queso De Cabra

Ingredientes:

1 hoja de hojaldre, descongelado
2 remolachas grandes, asadas y en rodajas
4 oz de queso de cabra, desmenuzado
1/4 taza de nueces picadas
2 cucharadas de miel
2 cucharadas de vinagre balsámico
2 cucharadas de aceite de oliva
Sal y pimienta para probar

Instrucciones:

Precaliente el horno a 375°F (190°C).

Estirar la masa de hojaldre sobre una superficie ligeramente enharinada.

Transfiera la masa de hojaldre a una bandeja para hornear.

Coloque las remolachas asadas y en rodajas sobre la masa de hojaldre.

Espolvorea el queso de cabra desmenuzado y las nueces picadas encima de las remolachas.

Rocíe la miel, el vinagre balsámico y el aceite de oliva sobre la tarta.

Sazone con sal y pimienta, al gusto.

Hornear durante 25-30 minutos o hasta que la masa esté dorada.

Servir tibio.

92. Tarta De Remolacha Y Feta

Ingredientes:

1 masa de pastel comprada en la tienda
2 remolachas grandes, asadas y en rodajas
1/2 taza de queso feta desmenuzado
1/4 taza de perejil fresco picado
2 huevos
1/2 taza de crema espesa
Sal y pimienta para probar
Instrucciones:

Precaliente el horno a 375°F (190°C).

Estirar la masa de tarta y transferirla a un molde para tarta de 9 pulgadas (23 cm).

Coloque las remolachas asadas y en rodajas sobre la masa de pastel.

Espolvorea el queso feta desmenuzado y el perejil fresco picado encima.

En un tazón pequeño separado, mezcle los huevos y la crema espesa.

Vierta la mezcla de huevo sobre la mezcla de remolacha y queso feta.

Sazone con sal y pimienta, al gusto.

Hornee en el horno precalentado durante 30-35 minutos, o hasta que la tarta esté lista y la corteza esté dorada.

Servir tibio o a temperatura ambiente.

BEBIDAS

93. Bebida de remolacha y pepino

Marcas: 2

INGREDIENTES:
- 3 zanahorias
- 1 pepino
- 1 pimiento verde
- 1 remolacha (mediana)
- 2 tomates
- 1 pulgada de jengibre

INSTRUCCIONES:
a) Lave a fondo y corte grueso todos los componentes.
b) Exprime todo excepto el pepino, que exprimirás después del jengibre para pasar todo por el exprimidor.

94. Batido de manzana, remolacha y fresa

Marcas: 2

INGREDIENTES:
- 1 taza de fresas congeladas, peladas y rebanadas
- 1 remolacha, pelada y picada
- 1 taza de manzana, pelada, sin corazón y en rodajas
- 3 dátiles Medjool, sin hueso y picados
- ¼ taza de aceite de coco extra virgen
- ½ taza de leche de almendras, sin azúcar

INSTRUCCIONES:
a) Combine todos los ingredientes y mezcle hasta que quede suave.
b) Vierta el batido en dos vasos y sirva.

95. Zumo de remolacha con jengibre y limón

Ingredientes:

2 remolachas medianas, peladas y picadas
1 pulgada de jengibre fresco, pelado y picado
1 limón, en jugo
1-2 tazas de agua
Instrucciones:

Agregue las remolachas, el jengibre y el jugo de limón a una licuadora.

Agregue suficiente agua para cubrir los ingredientes.

Mezclar hasta que esté suave.

Colar a través de un colador de malla fina o una gasa.

Servir sobre hielo.

96. Batido de remolacha y piña

Ingredientes:

2 remolachas medianas, peladas y picadas
1 taza de trozos de piña congelada
1 plátano
1 taza de agua de coco
1 cucharada de miel
Instrucciones:

Agregue las remolachas, los trozos de piña, el plátano, el agua de coco y la miel a una licuadora.

Mezclar hasta que esté suave.

Servir sobre hielo.

97. Batido de remolacha y bayas

Ingredientes:

2 remolachas medianas, peladas y picadas
1 taza de bayas mixtas (fresas, arándanos, frambuesas)
1 plátano
1 taza de leche de almendras
1 cucharada de miel
Instrucciones:

Agregue las remolachas, las bayas mixtas, el plátano, la leche de almendras y la miel a una licuadora.

Mezclar hasta que esté suave.

Servir sobre hielo.

98. Jugo de remolacha y zanahoria

Ingredientes:

2 remolachas medianas, peladas y picadas
2 zanahorias medianas, peladas y picadas
1 manzana, sin corazón y picada
1 pulgada de jengibre fresco, pelado y picado
Instrucciones:

Agregue las remolachas, las zanahorias, la manzana y el jengibre a un exprimidor.

Jugo de los ingredientes.

Servir sobre hielo.

99. Kvas de remolacha

Ingredientes:

2 remolachas medianas, peladas y picadas
1 cucharada de sal marina
4 tazas de agua filtrada
Instrucciones:

Agregue las remolachas, la sal marina y el agua filtrada a un frasco de vidrio.
Cubra el frasco con una tapa y sacúdalo para disolver la sal.
Deje el frasco a temperatura ambiente durante 2 o 3 días, o hasta que la mezcla se vuelva ligeramente agria y burbujeante.
Cuele la mezcla a través de un colador de malla fina.
Sirve el kvas frío.

CONCLUSIÓN

Esperamos que este libro de cocina le haya dado una nueva apreciación de la humilde remolacha y todas las formas deliciosas en que se puede usar en la cocina. Ya sea que esté buscando comidas saludables y llenas de nutrientes o simplemente desee agregar un color vibrante a sus platos, las remolachas son una opción versátil y deliciosa.

Al incorporar remolachas en su cocina, puede aprovechar sus numerosos beneficios para la salud, desde estimular su sistema inmunológico hasta mejorar su rendimiento deportivo. Por lo tanto, no tenga miedo de experimentar con diferentes recetas y técnicas de cocina, y descubra las infinitas posibilidades de este increíble tubérculo.

Gracias por elegir nuestro Beet Cookbook, y esperamos que las recetas y los consejos proporcionados en este libro lo inspiren a hacer que las remolachas sean una parte regular de su dieta. ¡Feliz cocina!

www.ingramcontent.com/pod-product-compliance
Lightning Source LLC
LaVergne TN
LVHW021701060526
838200LV00050B/2452